自由と豊かさを手に入れる

60歳からの暮らし方

浅沼静華
ASANUMA SHIZUKA

We get freedom and affluence in life.

幻冬舎MC

自由と豊かさを手に入れる

60歳からの暮らし方

はじめに

あなたは今何歳ですか?

10年前、今の自分のあり方を予測できていましたか?

10年後、どのような暮らしをしていると思いますか?

10年後のことはなかなか見通しがつかないものですが、この本はあなたの10年後の生活を俯瞰して、より良くするヒントを提供してくれるでしょう。


10年後といっても、もちろん震災や戦争のような災害までは正確に予測できません。しかし、現代の日本人の多くは生まれてから死ぬまで身の危険を感じるような災害に遭うことはなく、それよりも就職や転職、結婚そして出産、さらには離婚のようなライフイベントによって生活の質(QOL:クオリティ・オブ・ライフ)が変化するものです。

ですから、みなさんのこれからのシニアライフも、起こり得るイベントを予測してそれに備えることで、ずっと有意義なものにすることができます。

はじめに

今シニアライフという言葉を聞いて、どのように感じましたか。

「私はまだシニアじゃない」と反発を覚えた人がいるかもしれません。

「シニア」という言葉にははっきりした定義はなく、ここでは本のタイトルに合わせて、漠然と60歳以上の人をさしています。

60歳というのは、昔でいえば定年で、隠居のイメージがありましたが、「人生100年時代」といわれる現代においては健康で若々しい方ばかりで、昔の「高齢者」とはかけ離れています。

そして、60歳から100歳までは40年もの時間があります。

シニアになったからといって人生からも引退する必要はなく、この40年をどのように楽しむかを、もっと積極的に考えてもいいと思います。

これまでの60年の人生は人それぞれですから、いちがいに「こういう暮らしが良い」ということはできませんが、シニアライフに共通に起きがちな問題について、あらかじめ考えてリスクヘッジしておきましょう。

この本では「人間関係」「住まい」「趣味・仕事」「お金」の4つの側面から、充実したシニアライフを送るための提言を行っています。

そのようなことを言うおまえは何者かと言われそうなので、このあたりで自己紹介させてください。

私はシニアライフのトータルサービスを提供している会社の経営者です。

具体的には、有料老人ホームなど高齢者介護施設の経営、高齢者向け食事の製造・配食、高齢者と介護施設のマッチングサービスなどの事業をしています。

もともと介護施設の事業を始めたのは私の父でした。

私はアメリカへの留学を皮切りに海外生活を通算で20年近く送ってきました。父が倒れた当時はスイスで投資会社を共同経営していたので、介護事業とは無縁でした。

ところが2008年に突然、父が脳出血で倒れて、いろいろ悩みましたが、最終的に日本に帰国して父の事業を継ぐことを決意しました。

父の介護や看護を通じて、日本の介護業界や日本人の高齢者事業には改善の余地があると強く感じたからです。

私自身、近い将来はシニアになる身ですからひとごとではありません。

いちがいに海外が良いというつもりはありませんが、日本には私自身が受けたいと感じるサービスが少なかったのです。

とはいえ、この本は介護業界についてだけ書かれたものではありません。

シニアといえば「介護」のイメージがつきものですが、80代や90代になる前のシニアライフを充実させることで、精神的にも肉体的にもいつまでも若々しくいられて、寿命ぎりぎりまで介護を必要としない人もたくさんいます。

シニアライフの充実とは、「自分らしく生きる」ことではないかと私は考えています。60歳になったから年相応に、とかではなく、何歳になっても自分のしたいことを追求して、自分の居場所が常にある。そんな毎日をイキイキと過ごすことが、私たちには大切ではないでしょうか。

この本でみなさんがそれぞれ自分らしく生きるコツを見つけていただければ、何よりの喜びです。

目　次

第三章

【住まい編】持ち家・賃貸・シェアハウス……

いくつになっても安心して楽しく暮らす、60歳からの住まい選び

第四章
【趣味・仕事編】体力が衰えても生きがいは見つかる
60歳を過ぎてもできる趣味・仕事

第五章
【お金編】１００歳までお金に困らない生活をするために
60歳から始める老後の資金設計

第六章
人生100年時代　自由で豊かな暮らしを実現する

第一章

自由に、豊かに生きる人生は60歳からが面白い

若くなった「シニア」のイメージ

2020年「敬老の日」の総務省の発表によれば、日本の「高齢者」の数は3617万人で、全人口の28・7%を占めています。つまり、今や日本にいる人の3、4人に1人が「高齢者」です。

ところで、高齢者という言葉はなんとなくネガティブではありませんか？　もともとの意味は「高い年齢の人」ですから、特に悪い意味はないフラットな言葉だと思いますが、日本には「若さ」をポジティブなものとして、逆に「老い」をネガティブなものだととらえる風潮があるようです。

みなさんも「若くっていいわね」といった言葉を、言ったり聞いたりしたことがあると思います。この言葉はほとんど違和感を覚えないくらい普通に使われていますが、逆に「歳取っていいわね」という言葉はまったく聞いたことがありません。実際に使われたら、嫌味のように感じるのではないでしょうか。それくらい「若いことはいいことだ」というような価値観が世の中には溢れています。

けれども、本当に正しいのでしょうか。私は今50代ですが、10代や20代の頃に戻りたいかと問われたら答えに困ってしまいます。若い頃は知識も経験もないために、常に他人の思惑に振り回されていて、すぐに感情的になってしまうことが多く、大変だったと感じているからです。ですから私はあまり過去に戻りたいと思うことはなく「今がいちばん楽しい」と思っています。

それは、人生で50代がいちばんいいというわけではなく、20代の時も30代の時も40代の時も「今がいちばん楽しい」と感じていました。年齢のように変えることができないものは、過去や未来に憧れるのではなく、そのまま受け入れて、今できることを楽しむことがいちばんいいと考えているからです。

冒頭の話に戻りますが、総務省が「高齢者」という言葉を使うのは、国連のWHO（世界保健機関）が65歳以上を「高齢者」と定義しているので、そのグループで分けるのが便利だからです。

確かに、平均寿命が50代のアフリカの発展途上国であれば、65歳以上を「高齢者」としてくるのが統計的には正しいといえますが、今や世界一の長寿国家となった日本の平均寿命は84歳。女性だけに限れば87歳ですから、65歳程度では「高齢者」のイメージには合いません。実際、60代後半の私の知人は皆若々しくて元気で、人生を謳歌している方ばかりです。

そこで、この本では、ちょっと手垢のついた言葉である「高齢者」ではなく「シニア」という表現を使いたいと思います。この「シニア」にもいろいろ定義はあるのですが、〝senior〟シニア・年上の意味ではなく、〝mature〟マチュア・成熟の意味として捉えています。そしてこの本では、会社に勤めている方の「定年」である60歳を区切りとして、悲喜交々（ひきこもごも）な人生を経験してこられたマチュアな60歳以上を「シニア」と呼ぶことにします。

やはり年齢の区切りは大きいもので、私自身も30歳や40歳になった時には、なにがしかの焦りや思いをもったものですが、すでに述べたように一律に「高齢」とするのはいかがなものかと思います。

そもそも今の50代は、女優さんでいえば石田ゆり子さんとか、天海祐希さんとか、鈴木京香さんなどです。その方たちに向けて「おばさん」と言う勇気は私にはありません。

テレビアニメ『サザエさん』の設定資料によると、主人公サザエさんのお母さんであり、割烹着のよく似合う磯野フネさんの年齢が52歳だそうで、タラちゃんというお孫さんまでいるフネさんなら、「おばさん」どころか「おばあさん」といわれてもおかしくないでしょう。アニメ『サザエさん』の放送開始は1969年10月で、その頃なら50代でも「シニア」のイメージがあったのかもしれません。

けれども2020年12月現在で52歳といえば、さきほども名前を挙げた女優の鈴木京香さんですから、当時とはずいぶんと50代女性のイメージが異なっていることが分かります。孫までいる磯野フネさんとは違って、鈴木京香さんはまだ独身で、交際を噂されている俳優の方は10歳近くも年下です。年齢で人を一律に判断することは、とうていできません。

60代で親を看取ってからが第二、第三の人生の始まり

60代、シニア世代になっても魅力的な女優さんはいくらでもいます。例えば、黒木瞳さ

ん、大竹しのぶさん、余貴美子さんあたりは、今も現役で美しい姿と素晴らしい演技を見せてくれています。

もちろん、彼女たちの30代や40代の頃の姿を覚えている方は「歳を取ったな」と感じるのかもしれませんが、それによって幅の広い演技や円熟味のあるたたずまいを獲得したのではないかと私などは思っています。

これは人から教えてもらったのですが、打首獄門同好会というぶっそうな名前で、若い子に人気のハードロックバンドがあるらしいのですが、そこで腰まで伸ばした長い金髪を振り回してベースギターを弾かれているjunkoさんという女性ミュージシャンが、なんと2020年12月現在、62歳なんだそうです。ほかのメンバー2人が40歳そこそこというバンド全体のイメージもあるのかもしれませんが、写真や映像では、とても60代には見えません。実際、街を歩いていて若いお兄さんにナンパされることもあるそうです。

あるいは『カメラを止めるな！』という映画でブレイクされた女優のどんぐりさんは、2020年現在60歳ですが、実は50歳まで大阪の裁判所で臨時職員として働いていました。大河ドラマで織田信長が「人間五十年」と幸若舞の『敦盛』を吟じるのを見て、自分も50

歳だと一念発起して裁判所を辞めて、吉本興業の新人タレント養成所に入学して芸人どんぐりとなり、57歳で出演した映画で人気女優の仲間入りをしたそうです。

そのほか、63歳で『おらおらでひとりいぐも』で芥川賞を受賞した作家の若竹千佐子さんは、なんと受賞作が作家デビュー作であり、小説を書き始めたのも55歳で小説講座に通い始めてからのことだったそうです。専業主婦一筋だった若竹さんは、55歳で夫を脳梗塞で亡くし、その悲しみから立ち直るために小説を書き始めたそうです。

60歳は「還暦」で、昔であれば、赤いちゃんちゃんこを着せられて、おばあちゃんらしくしていなければならなかったものですが、本当に自由な生き方のできる良い時代になったと思います。女優や作家ではなくても「定年」のない職業であれば、60代でも現役で一線を張るのは当たり前です。

私自身も社長という肩書きをもっていますが、2019年の東京商工リサーチの調査によれば、日本の社長の平均年齢は62歳で、30%以上が70代以上とのことです。50代の私は、社長業界ではまだまだひよっこということです。まだまだ頭も体もしっかりしている60代を「シニア」扱いするのは失礼じゃないかなとまで思ってしまいます。

人によっては、子育ても終えて、親も看取った60代からこそが、自分が本当に自分の人生の主役として好きなように生きられる時間なのですから、この時期をいかに充実させるかもっと考えてみてもよいと思うのです。

70代はまだまだ元気、「シニア」などと言わせない

70歳では「古稀(こき)」のお祝いがあります。古稀の語源は「古来、稀(まれ)なり」で、昔は70歳の長寿を迎える人はめったにいないほど珍しかったことが分かります。

けれども、今70歳は決して珍しいものではなくなりました。私の周囲の話で恐縮ですが、70代も60代と変わらず、まだまだ元気で溌剌(はつらつ)とした方が多いと感じます。

知人から聞いた話ですが、とある70代の女社長さんは、一般人の若者を男女一緒に一軒家で暮らさせてその模様をテレビカメラに収めるというリアリティ番組に憧れていて「私もあんなふうに暮らしてみたい」と語っていたそうです。今のテレビ局の関係者が70代をその番組に参加させてくれるかどうかは分かりませんが、私は素敵な夢だと思いました。

シニアの方が集まって暮らしているコミュニティでは、恋愛模様が見られるといわれていますが、いくつになっても恋心を忘れず情熱的に生きられるのは素晴らしいと感じます。芸能人でも、吉永小百合さんは75歳の現在でも毎年のように映画に出演されて、変わらぬ美しさを見せてくれていますし、男性では、タモリさんやビートたけしさんや堺正章さんが70代半ばで今もご活躍されています。

史上初のアメリカ大陸出身者として知られる現在のローマ教皇フランシスコなどは就任時に76歳で、２０２０年現在は84歳ですから、70代から最も重要な仕事に就いたことになります。

作家の黒田夏子さんは、5歳から物語を書き始めましたが、ほとんど世間の耳目を集めることはありませんでした。ところが75歳の時に書いた『ａｂさんご』が早稲田文学新人賞を受賞すると、同作でその年の芥川賞も受賞して「史上最年長記録」と注目を浴びました。マイペースで執筆を続ける黒田さんは、83歳の今も小説を書き続けています。

あるいは、ボランティアに生きるのも、シニアのセカンドライフとして素敵な道です。２０１８年に行方不明の2歳児を救出したことでメディアの脚光を浴びた尾畠春夫（おばたはるお）さんは、当時78歳でした。現役時代は魚屋さんでしたが、引退後に「スーパーボランティア」として知られるようになります。尾畠さんは若い頃に登山が趣味だったこともあり、81歳の今も頑健な肉体を誇っています。

80代を幸せに過ごすには、それまでの準備が大切

80歳になると「傘寿（さんじゅ）」のお祝いがあります。「傘寿」とは、「傘」の略字が縦に八十と読めることからの言葉遊びです。80歳というのは、数字的にも区切りがよいので、お祝いされることが多いようです。

80代は、現代人でも仕事からの引退を考え始める年齢のようです。

第265代ローマ教皇ベネディクト16世は、2013年に85歳で自らの意思で退位しましたし、日本でも第125代の明仁天皇が2019年に譲位されました。終身職である教皇や天皇の生前退位は数百年ぶりの出来事でした。将来的な健康面での不安が背景にあったようです。

80代になるとやはり肉体的な変調には逆らえないようで、毎日の運動や食事などに気をつけて健康管理をすることがとても大事になりますが、健康に気をつけてさえいれば、80代はまだまだ第一線で活躍できる年齢でもあります。

健康なシニアといえば、80歳でエベレスト登頂に成功した登山家の三浦雄一郎さんが有名です。三浦さんは若い頃はプロスキーヤーとしてならしましたが、引退後は不摂生から太ってしまい、心を入れ替えてトレーニングに励んだ結果、70歳、75歳、80歳の三度もエベレスト登頂を成功させました。もちろん世界最高齢記録です。

体の健康だけでなく、頭の健康も大切です。

2019年、アメリカの第91回アカデミー賞の長編ドキュメンタリー映画賞に、とある映画がノミネートされました。日本語版のタイトルは『RBG 最強の85才』。惜しくも受賞は逃しましたが、ナショナル・ボード・オブ・レビューなどいくつかの映画賞を受賞して日本でも公開されて好評を博しました。

登場するのは実在の人物。RBGと呼ばれるアメリカの連邦最高裁判事のルース・ベイダー・ギンズバーグさんのことです。日本ではあまり有名ではないかもしれませんがルース・ベイダー・ギンズバーグさんはアメリカではたいへん人気があり、同じ年にはもう1本、彼女の人生を描いた映画『ビリーブ 未来への大逆転』が公開されているほどです。

彼女の何がそんなに人気なのかといえば、男女平等社会を実現するために、弁護士として、また裁判所判事として戦い続けてきたことです。

ルース・ベイダー・ギンズバーグさんが生まれたのは1933年。当時のアメリカは性差別や人種差別が激しく、法律の博士号を取得した成績優秀な彼女も法律事務所で雇ってもらうことができず、やむなく大学教授としてキャリアを始めます。

その後、性差別に関する裁判で弁護士として数多くの訴訟を手掛けたことで名声を得て、1980年にジミー・カーター大統領から連邦控訴裁判所判事に指名されました。

60歳の時に史上2人目の連邦最高裁判事に指名されたルース・ベイダー・ギンズバーグさんは、以降27年間にわたってアメリカの最高裁で女性の権利を守るリベラルな判事として活躍したのです。残念ながら2020年9月に87歳で病死してしまいましたが、亡くなるまで判事を続けた彼女の人気は依然として高く、死後もなおその写真をプリントしたマグカップやTシャツ、口紅などのキャラクターグッズが売り出されるほどです。

なにしろアメリカで3文字の略称で呼ばれるのは数少ない偉人だけで、JFK（ジョン・

F・ケネディ大統領)、FDR（フランクリン・D・ルーズベルト大統領)、MLK（マーティン・ルーサー・キング牧師)、そしてRBG（ルース・ベイダー・ギンズバーグ判事）くらいだといわれています。

日本にも素敵な80代がいらっしゃいます。現在85歳の若宮正子さんです。60代で退職後にパソコンを始めた若宮さんは、80歳になってスマートフォンを使い始めたのですが、シニアが使いやすいアプリがないと、自らプログラミングを習ってスマホアプリ「hinadan」を開発します。

これが話題となり、若宮さんはアメリカのアップル本社の開発者会議に無料招待されて、CEOのティム・クックさんからじきじきに「世界最高齢のアプリ開発者」と紹介される栄誉に浴しました。

85歳の現在はYouTubeにも挑戦されているそうです。過去にとらわれず、いくつになっても新しいことに挑戦する姿が素敵です。

90代、介護が必要になっても自立して生きるために

90歳の長寿祝いは「卒寿」です。こちらは「卒」の略字が、縦に「九十」と読めることからの言葉遊びです。次の長寿祝いは「白寿」です。百から一を引くと、漢字では「白」となり、数字では九十九となるからです。

90歳ともなると、芸能人でも政治家でも表舞台に出ることはなくなり、ほとんどが引退しています。そのなかで、唯一といっていいほどの例外が、２０１８年から２０２０年までマレーシアの第7代首相を務めたマハティール・ビン・モハマドさんです。彼は、首相就任時に92歳で、退任時は94歳の高齢でした。

実はマハティールさんは、56歳から78歳までの22年間、マレーシアの第4代首相を務めていました。十分に実績を上げて、国王から最高位勲章も授与されて勇退したのですが、91歳の時に政治の腐敗を見かね、新党を結成して再び政界に戻ります。首相経験者で実績があるとはいえ、90代の政治家が選挙で選ばれて野党から一国の総理大臣に返り咲くとは、シニアにはずいぶん夢のある話です。

マハティールさんは特別な例かもしれませんが、ほかにも90代で活躍されている方はいらっしゃいます。2019年に劇場公開されたドキュメンタリー映画『おしえて！ ドクター・ルース』は、当時90歳のセックス・セラピスト、ルース・ウェストハイマーさんの人生を描いたものでした。

ルース・ウェストハイマーさんは1928年にドイツで生まれたユダヤ人です。第二次世界大戦時に両親は強制収容所で殺され、スイスの孤児院に避難していた彼女だけが生き残り、のちにアメリカに移住して博士号を取得してセクシュアリティの研究者となります。

彼女がメディアに初めて登場したのは52歳の時で、性教育のラジオ番組でした。性について率直に話すルースさんはすぐに人気となり、以降、92歳の今も現役でセックス・セラピストとして活躍しています。ちなみに彼女は3回の結婚をしています。2回失敗して、3回目でようやく本当のパートナーを見つけたのだそうです。なんと素敵な話でしょう。

ルース・ウェストハイマーさんが、いわば「卒寿」のセラピストなら、日本には「白寿」のピアニストがいます。

99歳の現役ピアニストとして有名な室井摩耶子（むろいまやこ）さんは、90歳を超えても毎日7時間の練習を欠かさないプロのピアニストです。室井さんは24歳でプロデビュー、35歳の時にさらに腕を磨くためベルリン音楽大学に留学して、以降はドイツを中心に活躍しました。1964年には『世界150人のピアニスト』の中で紹介された本格派です。

2020年には『徹子の部屋』に出演して対談を行ったのですが、その時に明かされた長寿の秘訣は「食事の準備は自分で行うこと」と「毎日肉を食べること」でした。99歳にしてプロのピアニストとして通用するとは、人間の可能性の素晴らしさを如実に感じさせてくれます。

そのほか、作家にも90歳を超えて健筆をふるい続ける方がいます。

2016年に『九十歳。何がめでたい』がベストセラーになった佐藤愛子（さとうあいこ）さんは、97歳の今も本を出し続けています。瀬戸内寂聴（せとうちじゃくちょう）さんは、92歳で発見された胆のうがんを手術で取り除き、98歳の今もメディアに登場しています。

お二人とも、シニアにとっては憧れのロールモデルです。

こうした著名人でなくても90歳を過ぎて、ますますお元気な方は少なくありません。ですが、ほとんどの方は80代後半になると、どうしても体の衰えや健康被害により、何らかのケアが必要になるものです。将来に不安を覚える方もいらっしゃると思いますが、最近では介護のサービスも充実しており、訪問ヘルパーや配食を利用すれば多少、体が不自由でも自宅で一人で生活を続けることは可能です。

私が多くの高齢者施設を運営するなかで感じているのは、ケアを必要としたり、施設に入居することは「自立していない」訳ではないということです。必要なケアは受けながらも、精神的に依存するのではなく、自分らしく生きること。それができていれば、いくつになってもその人は「自立」しているといえるのだと思います。

人生100年時代は伊達じゃない

100歳で現役といえば、聖路加国際病院院長であった日野原重明医師を思い起こす人が多いかと思います。2017年に105歳で亡くなられてしまいましたが、生前は「少なくとも110歳まで現役を続ける」と語られていたほど衰えの見られない方で、シニアの希望の星として輝いていました。

医師というのはさすがに健康にも気くばりが利いているのか、秦野病院理事長だった髙橋幸枝医師、台湾の正生婦幼聯合診所に勤務する田中旨夫医師など、１００歳を超えても診療を続ける方がしばしば見られます。

ロンドン・ビジネス・スクールのリンダ・グラットン教授によれば、現在、生まれてきている子どもたちの寿命は１００歳なのだそうです。その著書『LIFE SHIFT（ライフ・シフト） １００年時代の人生戦略』は日本でもベストセラーになり、多くの人が人生を１００年と考えるようになりました。

それ以前から、日本では１００歳をことほぐお祝いとして「百寿」や「紀寿」といった言葉がありました。「紀」は一世紀の「紀」で百年を意味します。この言葉がつくられた頃には１００歳まで生きる人はほとんどいなかったと思いますが、だからこそおめでたいというのでしょう。

今では世界中に１００歳以上の方がいて、英語でセンテナリアンと呼ばれています。「一世紀（センチュリー）」を超えて生きる人という意味です。

ちなみに２０２０年12月現在、存命の世界最高齢者は、福岡市に住む日本人の田中カ子さんで、117歳だそうです。ですから私たちも、大還暦の120歳（数え年で121歳）まではいわずとも、100歳まで生きる可能性は十分にあります。しかし、どんなに長生きしても体を悪くして寝たきりになっては面白くありません。100歳を超えても元気に自由に自立して人生を楽しみ続けることができてこそ長寿が喜ばしいものになるのです。

幸いなことに私たち日本人は長命なのでロールモデルが何人かいます。

例えば『一〇三歳になってわかったこと　人生は一人でも面白い』の著書をもつ篠田桃紅さんは、2020年12月現在107歳の現役の画家です。長生きの秘訣は、一度も結婚しなかったことでしょうか、それともフリーランスの画家という仕事のおかげでしょうか。

一般に芸術家の方は長命で、なおかつ最後まで活躍する方が多いようです。

例えば文化勲章を受章した女性画家3人のうち2人は、100歳を超えても絵を描いていました。105歳で亡くなった小倉遊亀さんと、103歳で亡くなった片岡球子さんです。

画家だけではありません。享年109歳の声楽家の嘉納愛子さんも、100歳を超えても現役で、いつまでも美声を響かせていました。

シニアになってから新しい人生を歩み出した芸術家も少なくありません。

画家の後藤はつのさんは、73歳からカルチャースクールで絵を習い始めて、82歳で新人賞を受賞、96歳で文部大臣奨励賞を受賞し、102歳で初めての個展を銀座で開催しました。残念ながら2017年に113歳で亡くなられましたが、その著書『111歳、いつでも今から 73歳から画家デビュー、100歳超えてニューヨークへ……笑顔のスーパーレディの絵とエッセイ』は多くの人に夢を与えてくれました。

芸術をたしなむのが長寿の秘訣なのでしょうか。私も今は仕事が忙しくてできていませんが、昔やっていた陶芸を近い将来に再開したいと思います。

年齢にとらわれず、いくつになっても新しいことに挑戦して自分らしく生きる——これからのシニアにはこうした「粋な生き方」をしていただきたいと思っています。

第二章

【人間関係編】子離れ、離婚、再婚、事実婚……

自分らしく生きるために、60歳から見直す人間関係

子離れが苦手な日本人

日本の女性の出産平均年齢は第三子でも33・6歳ですから、たいていの母親は55歳になれば子どもは21歳以上という計算になります。これまで、子どもの成長に情熱を傾けてきた方も子育てが終わり「子離れ」の時期を迎えます。否応なくこれまでとは違う、新たな生活を形づくる必要があります。

しかし、実際は65歳以上のシニア世帯のうち、子どもと同居している世帯は全体の3割。そのうち子世帯との同居は1割で、なんと2割が未婚の子どもと同居しているのです。

子育てに一生懸命だった人は、20年以上にも及んだ子育て人生が終わってしまって、子どもが家を出ていくことを寂しく感じることがあるようですが、一方で、成人した子どもがいつまでも家にいて、結婚もせず、時には仕事もせずニートのような状態になっている家庭が増えていることは、社会問題の一つです。

一般的に、日本人は子離れが苦手だといわれています。就職先を決めるのも親のアドバイスを受け、入社式にも親が付き添うという話もよく耳にします。

65歳以上の人がいる世帯数と構成割合

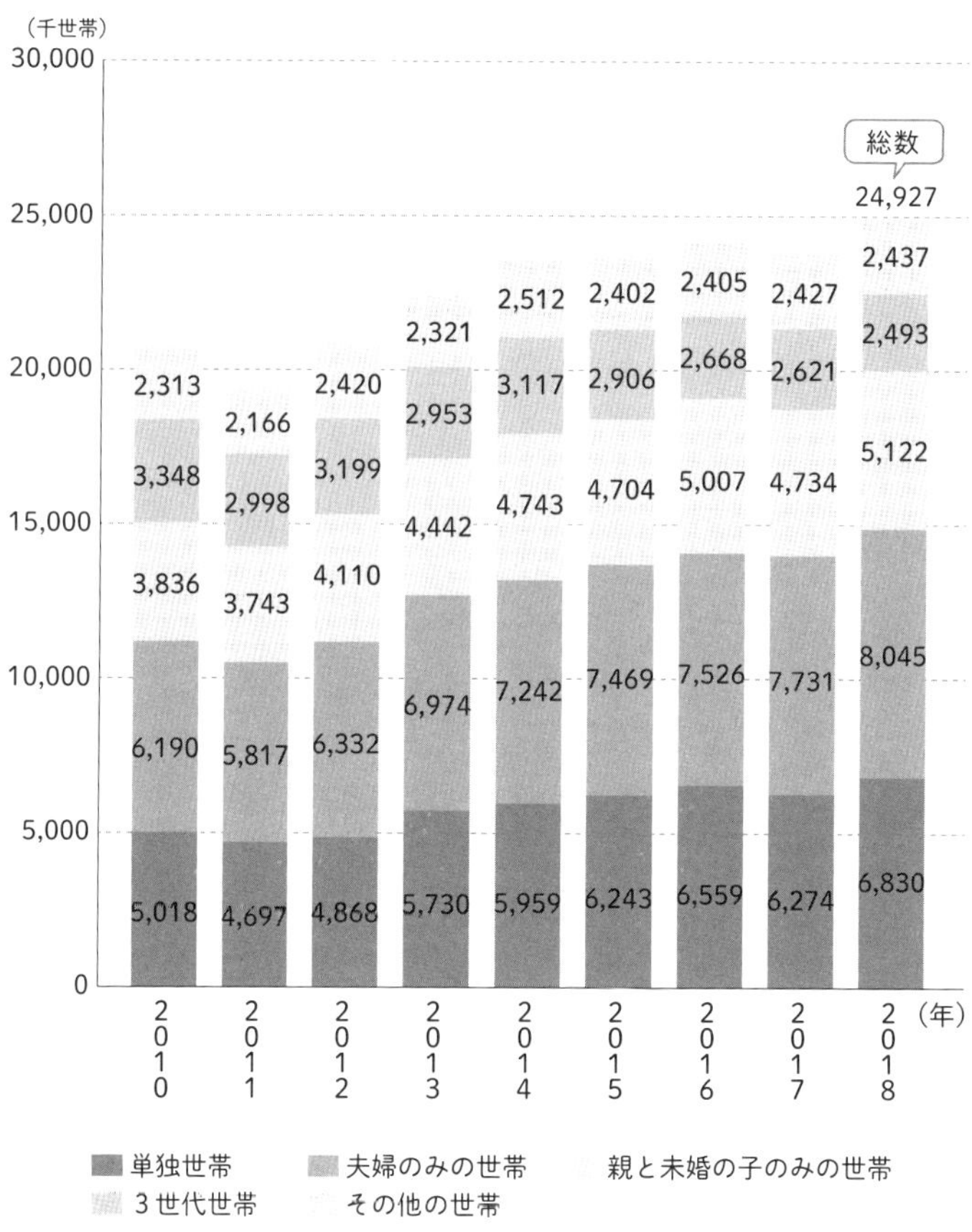

資料：厚生労働省「国民生活基礎調査」
（注1）2011年の数値は岩手県、宮城県及び福島県を除いたもの、2012年の数値は福島県を除いたもの、2016年の数値は熊本県を除いたものである。
（注2）四捨五入のため合計は必ずしも一致しない。

出典：内閣府『令和2年版高齢社会白書』家族と世帯

社会人になってからも親元に住み続け、経済的にも親に依存する。このように、親離れできない社会人が生まれる原因の一つには、子離れできない親の存在があるようです。

私はアメリカとスイスで20年近くを過ごしてきて、現地で結婚をし、離婚も経験しました。スイスでの結婚生活のなかで義理の両親や祖母とも親しく交際してきたので、帰国してから日本のシニアを見て違和感を覚えることが多々ありました。欧米での生活に比べると、日本は子どもが成人してからも親子の結びつき、特に母子の関係が強いと感じるからです。

スイスでは、義務教育である中学校を卒業すると、半数以上が専門学校に進学して手に職をつけるようになります。そのため15歳の時点で自分の進路を自分で決めなければなりませんので、成熟も早くなりますし、それ以降は親が生き方に口を出すことは少なくなります。

このようにして、たとえ自分の子どもであっても、自立した大人としての扱いをすることで、思春期や成人期の家族関係が良好になっているのではないかと考えます。

私がスイスで結婚していた頃、私と前夫の家と、前夫の両親の家、一人暮らしの祖母の家は生活が別々でした。それぞれ社会に生きる個人として、お互いを尊重し合っていて年代も交友関係も趣味も思想も違うのですから、住む場所も異なるのが自然に感じられました。しかし定期的に誕生日や暦上のイベント、地域の集まりなどでは皆が一堂に集まります。また、祖母の家には大きな庭があり、夏には梨や葡萄、プルーンが収穫時期を迎えるので皆が手伝いに集まりました。家族のだんらんというモノが自然に存在し、良い距離感を保てているからこそお互いが楽しみにしていた時間でした。

ある時、娘や孫の家から離れた都市に住んでいた88歳の祖母は介護が必要になりました。祖母は迷うことなく自分の家の近くにある介護施設を見つけて家族に相談し、あっという間に入居が決まりました。それは祖父と死に別れたあとに一人暮らしを長く続けていた祖母自身の希望でもありました。

施設に何度か祖母を訪ねに行きました。とても綺麗に整えられた十分な広さのある個室は、まるで自分の最期までをしっかり整えているかのように感じたのを覚えています。

施設に入居するか否かの問題ではなく、自分の人生を子どもや孫から言われるのではなく、自分の意志が働く時に、最期まで自らの選択にこだわったところに自立心の強さ、かっこよさを感じました。

今、日本で暮らすシニアの方も、歳を取って介護が必要になったら子どもに迷惑を掛けたくないために、高齢者施設に入居するという選択をする方が大勢いらっしゃいます。義理の祖母もおそらく同じ気持ちだったのでしょう。

親であっても子であっても、大人になれば生活形態は大きく違ってきます。子どもはいつまでも子どもではなく、独自の社会が生まれます。それを考えるとお互い良い距離感が必要で、その距離間の取り方の間を取りもつのが、介護員という他人になるのかもしれません。このように素敵な家族関係の維持の秘訣は、スイスの家庭から学んだ次第です。

他人という言い方は、日本語ではそれこそ「他人行儀」に感じられてしまいますが、「他人」だからこそ、節度をもった気遣いとともに長く良好な関係を築けるのではないかという気がします。

私たちは、身体的にも精神的にも、生まれつき何らかの個性をもっているのですから、血がつながっていても相性が合わないこともあるし、その逆も大いにありえます。「家族だから」ではなく、「家族でなくても」助け合えるような関係を築くことができれば理想ですが、それは個人の努力次第になるかもしれません。

夫や妻との関係性を見つめ直す

シニア世代になると、夫婦の関係も変化します。例えば長年専業主婦で家庭のなかで主役だった妻にとって、定年退職などで毎日夫が家庭にいるとなると、生活のリズムの大きな変化を余儀なくされ、不自由さを感じると聞きます。また、家にいると邪魔者扱いされるという夫の意見も少なくありません。夫婦共働きだった場合でも、お互いに仕事をセーブするようになると、夫婦二人で向き合うことが増え、今までは意識していなかった不自由さや違和感を覚える方もいらっしゃるかもしれません。

そんななか、まだまだ若く、元気なシニアの家族関係として、昨今、話題になっているのが「卒婚」です。

「離婚」と混同されがちですが「卒婚」は「離婚」ではありません。「卒婚」とは、夫婦間の籍は入れたままで離婚はしないけれども、別居したり、同居していても生活は別々であったり、お互いに干渉しない人生を送ることです。

私の周囲にも、オープンにはしていませんが「卒婚」だと思われるシニア夫婦が何組かいます。

「離婚」ではなくて「卒婚」が流行っているのは、お互いに「夫婦」ではなくなったとしても、長年生活をともにした同居人としての愛情や〝情〟が残っていることが多いからです。

長年それぞれにつくり上げた生活スタイルを尊重し、そこに干渉せず、自分らしい生き方をし続けるというのは、ある意味年齢を重ねたからこそ理解できる寛容さからくると思うのです。

このような穏やかな「卒婚」で生活を別々にするというのが、日本人の性に合っていると感じます。

「卒婚」に必要なのは、お互いに対する人間的な敬意と、相手の自由を尊重する思いやりです。どちらかが、相手に固執して嫉妬したり、独占欲を出したり、「夫」や「妻」の役割を相手に押し付けたりしようとすると、平穏な「卒婚」には至りません。

例えば、伊豆高原の山中にレストラン「jikka（ジッカ）」をオープンして、世界の家庭料理をお客さまにふるまっているのは、2人の60代女性です。彼女たちには夫もいますが、子育て中にママ友として出会い、子どもが独立して家を出たあと、夫とは別居して2人で伊豆高原に移住しました。好きな料理を活かし、訪れる人の「実家（ジッカ）」として親しまれるレストランを目指しているそうです。彼女たちの夫は東京で自由に暮らしており、夫婦のどちらかが、健康に不安を感じるようになれば、また同居など、違う形態を考えると話されています。実際にお会いしたことはないので詳しいことは分からないのですが、私はこれも「卒婚」の一つの形だと考えています。

日本では年間60万組が結婚する一方で、20万組が離婚しています。その時には正しかった「選択」が、時の流れで「変化」してしまったのかもしれません。

子育て中は、子どもの進学や結婚の障害になるからと、結婚生活を続けていた方も、子が独立したあとは「離婚」へのハードルは下がります。何十年も一緒に連れ添ってずっと愛し合う夫婦も素敵ですが、「家族」は卒業して、残りの人生は自分らしく自由に生きるというのも、社会的立場や世間体に左右されにくい、シニア世代の特権だと思います。

シニアの再婚

長年、一緒に連れ添ってきたシニア夫婦が、新しい人生を始めるために「卒婚」や「離婚」を選ぶ一方で、シニアの「結婚」も増えています。

それまでずっと未婚であったとか、早くに離婚して一人で子どもを育ててきたがようやく子離れしたとか、伴侶と死別したりして、独身生活が長くなると、たとえシニアであっても誰かと一緒に暮らしたいという気持ちが強くなるようです。

ただし「卒婚」と同様、シニアの「結婚」は必ずしも法律的な「結婚」（いわゆる入籍）であるとは限りません。

やはり、お互いに子どもがいる場合には「遺産相続」などの面から、シニアの結婚には反対の声が強く、同居はしていても籍を入れない「事実婚」や、お互いのライフスタイルを壊さないために同居を選ばない「別居婚」、「週末婚」などの形が多くなります。

籍を入れない「事実婚」の場合は、夫婦別姓も自由ですし、その後、夫婦関係を解消し

65歳以上の結婚

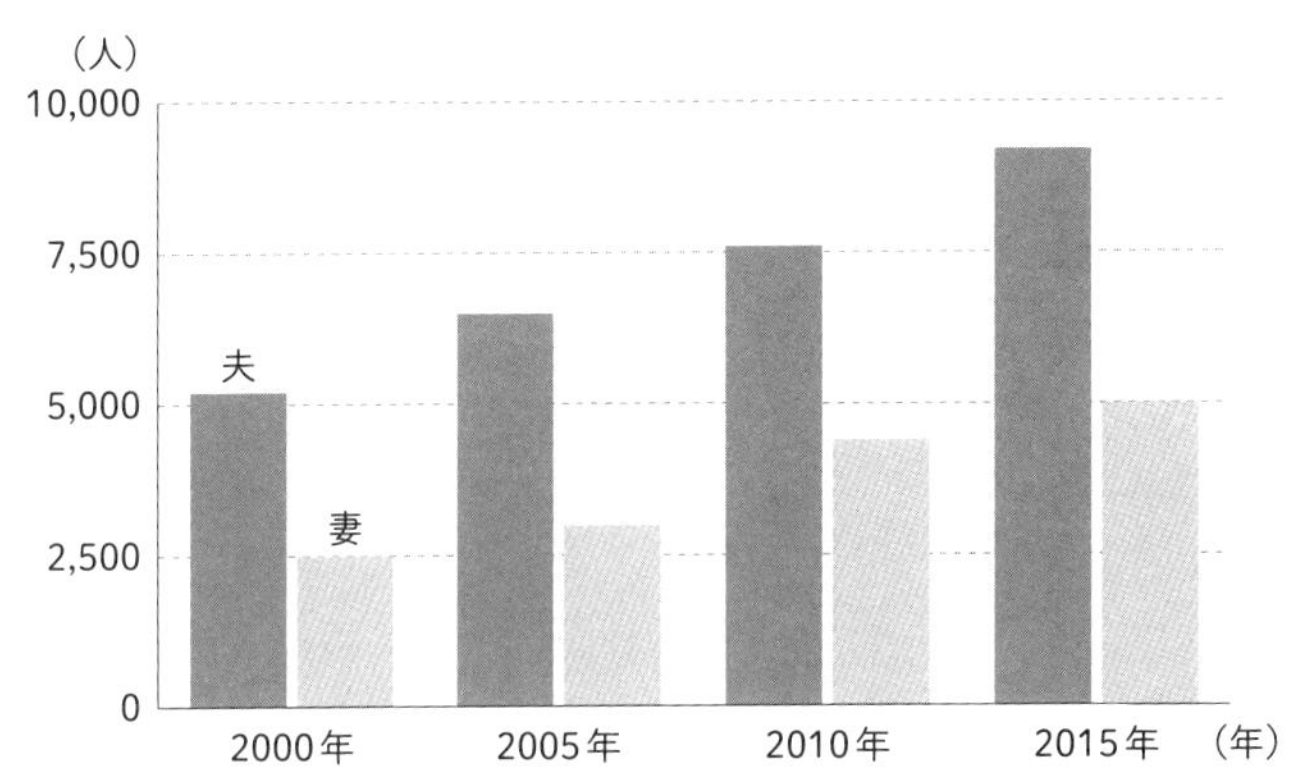

出典：厚生労働省「年齢別にみた婚姻件数」
出典：六法法律事務所「シニア世代の再婚が増加!?再婚で相続争いも勃発!?」

ても戸籍に残りませんし、法律にのっとって財産を分与する必要もありません。「事実婚」は、しがらみのないシニアにとって、一つの選択の制度だといえるでしょう。

一方で、「事実婚」の場合は、法律の後ろ盾がないので、税金の控除が受けられなかったり、どちらかが重体などになった場合、医療機関での治療についての意思決定に関与できなかったり、遺産が相続できなかったり、別れた時に慰謝料がもらえなかったりというデメリットもあります。

ですから「事実婚」は、経済的にもお互いに自立したシニア同士の大人の「結婚」といえるでしょう。

人間である以上、お互いに愛情を確かめ合う相手が欲しい・誰かと楽しみや喜びを分かち合いたいと思うのは当然で、シニアになったからといって情が枯れるわけでもなく、入籍という統計には現れていませんが、実はみなさんが想像するよりも多くの人がパートナーを欲しているようです。

自分の人生の意味を探す

私はここまで「歳を取ったからといってひけめを感じることは何もない」と書いてきました。それは「歳を取っても何も変わらない」という意味ではありません。私たちは歳を取るごとに何らかの「変化」をしています。

ポジティブにいえば、それは新たな発見からの「成長」です。私は50代になった今、毎日のように小さな気づきから、それまで見えなかったものが見えるようになる経験をしています。

それと同時に、何かを知らなかった時代の視座を失っていきます。歳を取るごとに、何かを見て驚くことが少なくなり「落ちついてきた」と形容されることが多くなりました。良い、悪い、ではなく、歳を取ることによる「変化」は避けられないものですから、私は前向きに受け止めています。

実際、私たちは生きていると、いろいろな出来事を経験し、そのなかにはハッピーなものもあれば困難なものもあります。私の例でいえば、２００８年に父が突然の脳出血で倒れて寝たきりになったことは、できれば起きてほしくなかった出来事でした。

しかしながら、それがあったからこそ、介護施設の運営を通して見えてきた課題に向けて、新しいシニアライフの形を創造するという使命をもつことができたともいえます。

私の話は、何も特別なものではありません。読者のみなさまにもそれぞれの人生があり、歳を取ったことによる「変化」があったと思います。

発達心理学者のエリク・エリクソンは、人間の発達段階を8段階に分けています。

0～1歳半の乳児期、1歳半～3歳の幼児前期、3～5歳の遊戯期、5～12歳の学童期、12～18歳の青年期、18～40歳の初期成人期、40～65歳の壮年期、そして65歳以上の老年期です。

エリクソンによれば、12～18歳の青年期には他者との違いを知ることで自我を確立し、18～40歳の初期成人期には確立した自己を前提に他者と親密な関係を結び、恋愛や結婚を経験し、40～65歳の壮年期には子育てや部下の育成を通じて次の世代を世話することを学び、65歳以上の老年期には世界のなかで自分の人生がもつ意味を見出して、安らかに死を受け入れられるようになるのだそうです。

エリクソンの発達段階説では、シニアとは自分の人生の意味を見出す時期です。

青年期のように自分とはどんな存在かと思い悩む必要はありません。なぜなら、これまでの人生で十分に分かっているからです。

初期成人期には多くの方が恋愛や結婚を経験しました。もちろんシニアになっても恋愛や結婚をする方もいらっしゃいますし、それも素敵な生き方だと思います。

子どもをもたれた方や、会社で部下をもった方は、壮年期を通じて育成に頑張られたことと思います。まだ手の掛かる子どもや部下がいるから目が離せないと感じているシニアの方も多いでしょうが、相手は相手で「そろそろ独り立ちさせてくれないかな」と思っているかもしれません。すべてを手取り足取りではなく、遠くから見守るようなバランスが肝心でしょう。

このように激動のライフステージを生き抜いてこられたシニアの方には、最後にもう一度、自分を見つめ直して、自分のために生きる時間があってもいいと思います。

それがエリクソンのいう老年期です。

私たちは誰でも死をどのように受け入れるべきかその時になってみなければ分かりません。常に、漠然と「死にたくない」と感じていて、実際に死ぬかもしれないという場面に出くわした時には不安と恐怖で身がすくみます。

これを「自分はもう十分に生きて、意味のある人生を送った」と満足できるようになることが、老年期の課題なのだそうです。

はたしてそのような安らかな心境が本当にくるものかどうか、まだ壮年期である私には分かりませんが、人生に悔いがなくなるように、新たな発見や新たな挑戦をして豊かな気持ちで老年期を楽しんでみるのも素敵だと思うのです。

新たな発見や挑戦といっても、これまで家庭や仕事に人生を捧げてきた人にとっては、なかなか難しいものです。

あまりに長いこと、「自分」を二の次にして生きてくると、「はい、どうぞ」といわれても「自分」が見つからないかもしれません。特に、まだ仕事を続けていたり、家族の世話をしなければならない立場にあったりする場合には、そんなことは考えられないかもしれません。

けれども、仕事も家族もいつまでも当たり前にあるものではありません。

人間は死ぬ時には、どうしたって一人になります。人によってはその何年も前から一人になります。

その時にうろたえないように自分を取り戻しておくのが、シニア世代の課題だと思うのです。

自分の人生は自分だけのもの？

自分がまだ経験していないシニアの生き方について話すのは気恥ずかしいものですが、介護施設を運営し、高齢者の方々の人生と向き合ってきた経験を踏まえて、みなさまにとって何らかの参考になればと、もう少し私の話を続けさせていただきます。

私が、海外での20年間に及ぶ生活を捨てて、日本に帰国して父の事業を継いだと聞くと「偉いわ」と褒めてくださる方が多いのですが、そんなにシンプルな話でもなく、当時は、未練も葛藤もかなりありありました。

そもそも、エリクソン氏にならうまでもなく、私自身、12〜18歳の青年期にはほかの人と同様に親に対する反抗期がありましたし、東京の大学に進学したのも親元から離れて一人暮らしをしたいという自立心のなせる業でした。

その後、アメリカに語学留学し仕事を見つけ、その後はスイスに移り住んで就職したのも、海外に対する憧れもありましたが、創業社長という強烈な父の引力から離れたいという気持ちがどこにもなかったといえば嘘になるでしょう。

そうして、スイスで結婚して、離婚して、投資ファンドで起業、金融市場にどっぷりとつかっていたのですから、当然そのままスイスに骨を埋めるつもりでした。親には1年に1度ほどしか顔を見せていなかったという意味では、かなり親不孝な娘であったと自認しています。

けれども、エリクソン氏を援用させていただくならば、それも人間の通常の発達段階であったと思うのです。青年期には自我を確立しなければなりませんし、初期成人期には社会のなかで自分の居場所を見つけて、恋愛、結婚や友情を育むことが大切になります。

親は子どもの自我の確立や他者との協調を手助けすることはできません。下手に干渉しようとすると、子どもの自立をさまたげることにもなりかねません。子どもには、親と離れて生きる時期が必要なのだと思います。

そうして壮年期を迎えて、自らの子どもや部下、次世代の育成をするようになり、ケアの能力を身につけると、今度は自分の親がケアをする対象として立ち現れてきます。このようになって初めて、子どもは親と再会するものではないでしょうか。

少なくとも私はそのように生きてきましたし、今は寝たきりの父と、その世話をする母の住む札幌で、父の始めた事業を大きくして、日本の高齢社会に変革を起こそうと志をもって仕事をしています。

おそらく、青年期、初期成人期までは、自分のことで精いっぱいで周りを見る余裕がない時期なのかもしれません。それが壮年期になると、少しずつ自分の周りも見えるようになってくる、そしていつの間にか人のために何かをすることが自分の喜びになってくるように思います。これから先、シニア世代になって事業を引退して親を看取ったら、また自分だけの生活を取り戻せるのかもしれませんが、きっと青年期とは違った別の時間の過ごし方になっているのかなと、頭の片隅で考えています。

私の見てきた限りでは、スイスのシニアはアクティブで、若い時から趣味をもっていて、歳を取ってもそれを楽しんでいる方が多いように思います。私自身、スイスにいた頃はジョギングやテニス、フィットネスクラブに陶芸を楽しんでいましたが、日本に帰ってきてからは仕事上での責任が重くなって、時間がなくなり、どれもできなくなってしまいました。スイスでは17時を過ぎたら個人の時間という感覚があるのに対し、日本ではいまだに17時以降も働き続けるのが、会社や社会に尽くすいい人材という感覚があるような気がします。

そのため日本では、会社に勤めながらも趣味が充実している人に対して、悪いとはいわなくても、どこか冷たい目線が注がれるのではないでしょうか。だからこそ長年仕事に情熱を注ぎ、やりたいこと、やってみたかったことにトライできなかった人は多いと思います。

自分を見つめ直し、本当にしたかったことを実現することができるのもシニア世代ならではの人生設計だと思います。夫も妻もお互いをいたわり合いつつも、それぞれが趣味や仲間をもっていて、ガス抜きができるくらいの関係のほうが良好になるのではないかと思います。周囲を見ても、それまでの仕事や家庭という固定化されたコミュニティでの視点から離れ、趣味やボランティアを通じて誰かを楽しませたり、誰かの手助けをすることで社会に参加されている方が多く、みなさんがとてもイキイキと輝いていらっしゃると感じます。

私の経営する会社では、そうした多様な生き方をする方を積極的に採用しています。例えば、60代後半で施設内の管理をお願いしている方は、春から秋にかけては週に2回だけ働いていて、冬になるとスキーのインストラクターが本業になるので、管理の仕事は完全に休んでしまいます。自由な働き方で人生をエネルギッシュに生きていると感心しています。

また、最近、50歳前後の男性を正社員として採用したのですが、実は趣味が温泉巡りで、休日に北海道の温泉を楽しめるかもしれないと、大阪に家族を残して、単身赴任で私の会社に来てくださりました。

そのような話を聞いて眉をひそめる方もいるかもしれませんが、私は一度きりの人生で、自分の人生の幅を広げそれが精神的な喜びや新たな出会いにつながるのはとても素敵なことだと思います。

新しい人間関係を形づくる

私がスイスのシニアの話をすると「欧米は個人主義で寂しい」などと言われることがあります。

しかし、私が見るところ、ヨーロッパの人々、特にイタリアやスペインといった南ヨーロッパは、非常に家族を大切にしています。スイスでも、たとえ離れていてもクリスマスやイースターには必ず家族で集まって食事をしますし、それがイタリアともなると毎週末に家族で集まることも珍しくありません。どちらかといえば人間関係がドライといえる私が暮らしていたスイスのドイツ語圏でも、昼休みにはお父さんは職場から自宅に戻り、子どもたちは学校から帰ってきて家族で食事をする光景がよく見られるのですから、決して家族を軽視していることはないと思います。

スペインでは、おじいちゃんやおばあちゃんが孫の面倒を見ることが多く、そのためにわざわざ子どもが生まれたら3世代同居を選ぶ家庭もあるくらいです。そのような文化があるために保育所が発達していないという話もありますが、いずれにせよ日本の方が思うほど殺伐とした個人主義ではないのです。

むしろ、家族だんらんのイメージが強い日本のほうが寂しいと感じることもあります。それは、思春期や成人の子どもに対して過干渉であったために家族関係が壊れてしまっているケースがあるからです。

人間関係は非常にデリケートなもので、家族といっても適切な距離と気遣いが必要です。しかし「家族だから」という甘えがあると、相手のことを心配するあまり、どうしても必要以上に干渉してしまいたくなるものです。

たとえ血がつながっていたとしても、家族は「他人」と考えて、仕事でのお客さまや近所の人との交際のように、相手を慮(おもんぱか)って愛想良く笑顔で接すると、だいぶ家族内での関係も良好になるのではないでしょうか。

このことは、シニアになってから、親兄弟を看取るなど家族を失うような出来事が起きた時に、みなさんを悲しみから救ってくれる考え方だと思います。

人間は皆死ぬ時は一人で、それぞれの人生の課題は一人ひとり異なるので、それぞれが一人で解決するしかないという考え方は、たとえ身近な人が亡くなった時にも「自分は、何もしてあげられなかった」との自責の念をやわらげてくれます。

実際、シニアになると、人との別れが日常茶飯事のようになってきます。

まずは自分の慣れ親しんだメディアのなかの有名人から始まり、祖父母、恩師、職場の先輩、両親、友人などが次々と亡くなっていきます。

パートナーや友人など、自分と同世代に先立たれる人もいます。人によっては、子どもが先に亡くなってしまうこともあるでしょう。

しかし、どんなに悲しい出来事があったとしても、私たちの生活は続いていきます。

そのためにも、あらかじめ家族以外の社会関係を充実させておく必要があるのではないでしょうか。家族仲が良いことは素晴らしいことですが、家族だけに頼った生活を送っていると、その家族が失われた時に大きな精神的ダメージを受けてしまいます。

自分のほうが先に死ぬと思っていても、実際にそうなるかどうかは誰にも分かりません。

日本では、妻は一般的に子育てや日常の生活を通じて、若い頃から地域コミュニティとのつながりができていきますが、夫は仕事一筋で地域に知り合いの一人もいないというケースはよく見られます。

仕事が楽しいのはよく分かりますし、家庭がいちばん気楽な場所であるということにも同意いたしますが、シニアになったら周囲の人がだんだんと減っていくことにも備えておきたいところです。

何もしないでおくと気づけば誰もいなくなり、孤立しがちなシニア世代。

だからこそ本当の自分を見つめ直し、新たな活動とともに身近な人たちとの交流を始めたり、大切な人との交流を育んでおいたりすることが大切だと考えています。

第三章

【住まい編】持ち家・賃貸・シェアハウス……

いくつになっても安心して楽しく暮らす、60歳からの住まい選び

持ち家で暮らす

シニアになってライフステージが変化すると、これまでの「住居」がライフスタイルに合わなくなることがあります。

最も分かりやすいのは、家族の人数の変化です。

例えば、夫婦2人に子ども3人の家庭があったとして、子どものそれぞれに子ども部屋を与えていたら夫婦の寝室と合わせて4LDKが必要です。もし高齢の親とも同居していたら、さらにもう1部屋、5LDKがなければ足りません。

しかし、その夫婦がシニアになって、親を看取り、子どもがそれぞれ巣立って一人暮らしを始めたり、新たな家庭をもったりした場合、夫婦2人で5LDKは、どう考えても広過ぎます。

もちろん「大は小を兼ねる」といいますから、空き部屋がいくつあってもいいのですが、たいていの場合、それらの部屋は物置になって埃が溜まるだけですし、埃を溜めないように毎日の掃除をするのも、家が広いと大変です。

ましてや、配偶者に先立たれたり、離婚したりで一人暮らしになってしまった場合、5LDKの住居は寂寥感すら感じさせるものになるでしょう。

私もスイスから戻ってきた時に、かつては3人姉妹と両親とで住んでいた大きなマンションが、父が倒れて病院に入院し、妹たちはそれぞれ所帯をもって神奈川県に居ますから、母1人の部屋はかなり寂しさがありました。

そのためかどうかは分かりませんが、空き部屋には次々と不用品が溜まっていくものです。自分の住居の中をどのように使おうが、それはその人の勝手なのですが、大変なのは、その人が亡くなったあとの遺族です。しばしば日本のニュースでは、一人暮らしのシニアの「ゴミ屋敷」化が取り上げられるように、片付けは根気と体力の必要な作業です。

そこで、シニアにおすすめするのが、まだ体力も気力もあるうちに、今後の「住まい方」を考えてみることです。

そのための方法は大きく分けて3つになります。

①大きな住宅から、コンパクトでこれからの人生に合った便利で立地の良い住宅への転居
②思い入れのある住宅や住む場所はそのままに、ライフスタイルに合わせてリフォーム
③まだ判断力のあるうちに思い出の品を片付けて、暮らしをすっきりとリセット

子どもがいた頃に購入した郊外の一軒家は、子どもが巣立ってしまえば広過ぎるうえに、郊外であるために立地もそれほど良くはありません。

自家用車があればそれほどの不便は感じなかったかもしれませんが、今や70歳になると「高齢運転者」と呼ばれて運転免許の自主返納を求められる時代です。

いつまでも車を運転することができないとなれば、公共交通機関や商業施設の充実した都心部への転居も一つの選択肢です。

とはいえ、転居は、新しい住居の契約から始まって、荷物の片付けやら荷ほどきやら、なんやかんやと大仕事です。

広い家からコンパクトハウスへと転居するのであれば、持ち物の断捨離も必要ですから、精神的にも負担が掛かります。

やりとげてしまえば達成感もありますし、その後の暮らしが便利で快適なものになりますが、とてもそこまでできないという方には、今の住居のままでリフォームという選択肢もあります。

シニアの住居で大切なのは、うっかり転んで怪我をしないようなバリアフリー環境の整備と、ヒートショックや熱中症から体を守るために断熱性を高めることです。
また、トイレや浴室、キッチンなどの水回りは古びやすいので、新しく使い勝手のいい設備に取り替えてみてもよいでしょう。また、寝室とトイレ・洗面所を近づけることが、機能的な住居をつくるポイントになります。

さらに、細かく分かれた部屋を一つにまとめて、よく利用する空間を快適で自分好みのスペースに変えてみると、生活がぐんと便利になります。寝室、トイレ・洗面所、浴室、洗濯機、クローゼットは1本の動線で簡単に行き来できるようにすることで、毎日の生活が便利になります。

子ども部屋があった2階などは、歳を取るのに従って階段を上がるのがおっくうになるので、思い切って生活空間から外してしまいましょう。使わないものは2階に上げて、よく使うものを生活の動線に合わせた場所に収納。1階だけで生活ができるように荷物を整理するのも大切です。

持ち家で暮らすのであれば、まだ元気なうちにリフォームをしておきたいものですが、貯蓄があればこそ、60歳を超えてローンなどを利用することは無理だと諦める人も多くいると思います。

しかし心配はありません。

最近では金融機関も、シニアの住み替えやリフォームを想定したローンや、持ち家を担保にしたリバースモーゲージ型ローンなどを整備しています。

次ページの表にまとめましたので参考にしてください。

実際にリフォームを行う時には今後の暮らしを考え、バリアフリーはもちろん、体が不自由になった時の動線を考えた間取り変更もしておきたいものです。

一般的な戸建てに多い、1階がLDKと客間、2階に寝室と子ども部屋という間取りであれば、2階は子や孫などの来客用や不要なものを置いておく部屋にし、1階だけで日常生活を済ませるようにしておくと、介護などのサービスを受ける際に便利です。国も高齢者向けの介護やデイサービスなどの在宅サービスを充実させていますし、配食サービスなども充実しつつあります。いざという時のために住んでいる地域の使えるサービスを調べておくのもいいでしょう。

シニア向け住宅ローン

	機関名	商品名	融資金額	返済方法
リバースモーゲージ型	住宅金融支援機構	リ・バース60	年齢、資金の使いみちにより金融機関ごとに異なる。	毎月の支払いは利息のみ。 元金は本人が亡くなった時に、**相続人が一括して返済**するか、**担保物件（住宅及び土地）の売却**により返済。
	新生銀行	まえ向き シニアのための 住宅ローン	**500万円以上**で下記のうち**最も低い金額**（10万円単位）が上限。 ①8,000万円 ②各資金使途に応じた金額 ③担保物件評価額の50%（または60%）に相当する金額	返済期間中は利息のみの支払い。 元本の返済は本人が亡くなった際は、**相続人が「自己資金で返済」または「担保物件を売却して返済」**どちらかを選ぶ。
	りそな銀行	あんしん 革命	**100万円以上**、かつ**下記①～③のうち最も低い金額**（1万円単位）。 ①8,000万円 ②住宅建設・購入所要資金、またはリフォーム工事費用、入居一時金の額の100%相当額、借りかえ資金の場合は既存の住宅ローン残高 ③担保不動産の評価額（当社及び住宅金融支援機構所定の評価による）の60%	**期日一括返済** （利息は毎月の支払）
その他ローン	スルガ銀行	ドリーム ライフホーム ローン	**10万円以上1億円以内**	**元利均等月賦返済** （原則ボーナス併用返済は不可）
	東急 リバブル 三井住友 信託銀行	しあわせ 住換え物語	**1億円以内**かつ、東急リバブルの売却保証額が上限。	利息毎月払い。 **借入期間満了時に元金一括返済。** 借入期間：最長3年間

人間、自分はまだまだ若い、元気だと考えてしまうものです。私も将来自分に必要となる介護など考えたくはありませんが、職業上、老化とどう付き合うのか、最期の時をどのように迎えたいかを否応なく考えさせられます。

持ち家に住み続けるのか、シニア向けの住宅へ住み替えるのかその選択肢は人それぞれですが、シニア世代にとって集合住宅に住むという選択肢はぜひ考えていただきたいと思います。特に配偶者と別れて一人暮らしになってしまうとどうしても、地域や社会とのつながりが希薄になってしまいます。また何らかの介助を受けなければならなくなると、どうしても家の中に引きこもりがちになってしまいます。

私が経営する施設でも元気な時から入居し、施設内で友人を見つけている人と、介助が必要になってから入居した人では、入居後の生活の質が少し違うような気がします。詳しくはあとで紹介しますが、施設に暮らす80代以上の方々に施設に住んで良かったことをうかがうと、家族とのいい距離感ができて面倒が一つ減ったこと、今までとは違う価値観で新たな友人ができたことという答えが返ってきます。住み慣れた地域のなかで暮らすとい

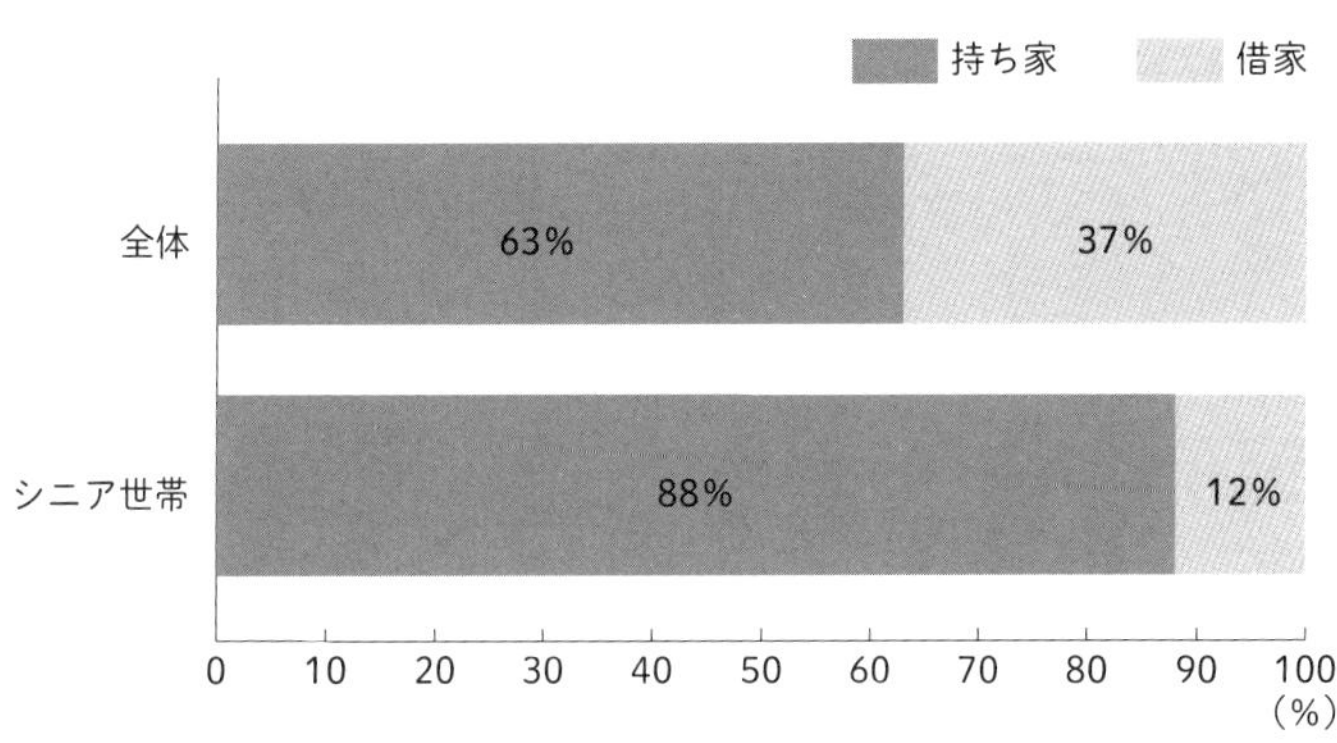

出典：住友林業「老後も賃貸に住むのはあり？賃貸住宅の魅力とリスク」

うことには確かにいい面もありますが、「しがらみ」というマイナス面も多少あったのかもしれません。同じような境遇、でも、まだまだお元気な体をもっているみなさんは、新たな人間関係をつくることでイキイキとした表情をされています。

施設や老人ホームのようなシニア向け住宅と聞くと、個人のプライバシーが保てず自由もなくなるように思われがちですが、一昔前と違い多様な暮らしが実現できるのです。

そんな状況も反映してか、シニアになってから持ち家を売却しての住み替えを検討する人が出てきています。総務省の調査によれば、15年前からだんだんと、持ち家の

これからの居住形態及び住み替えについての意識

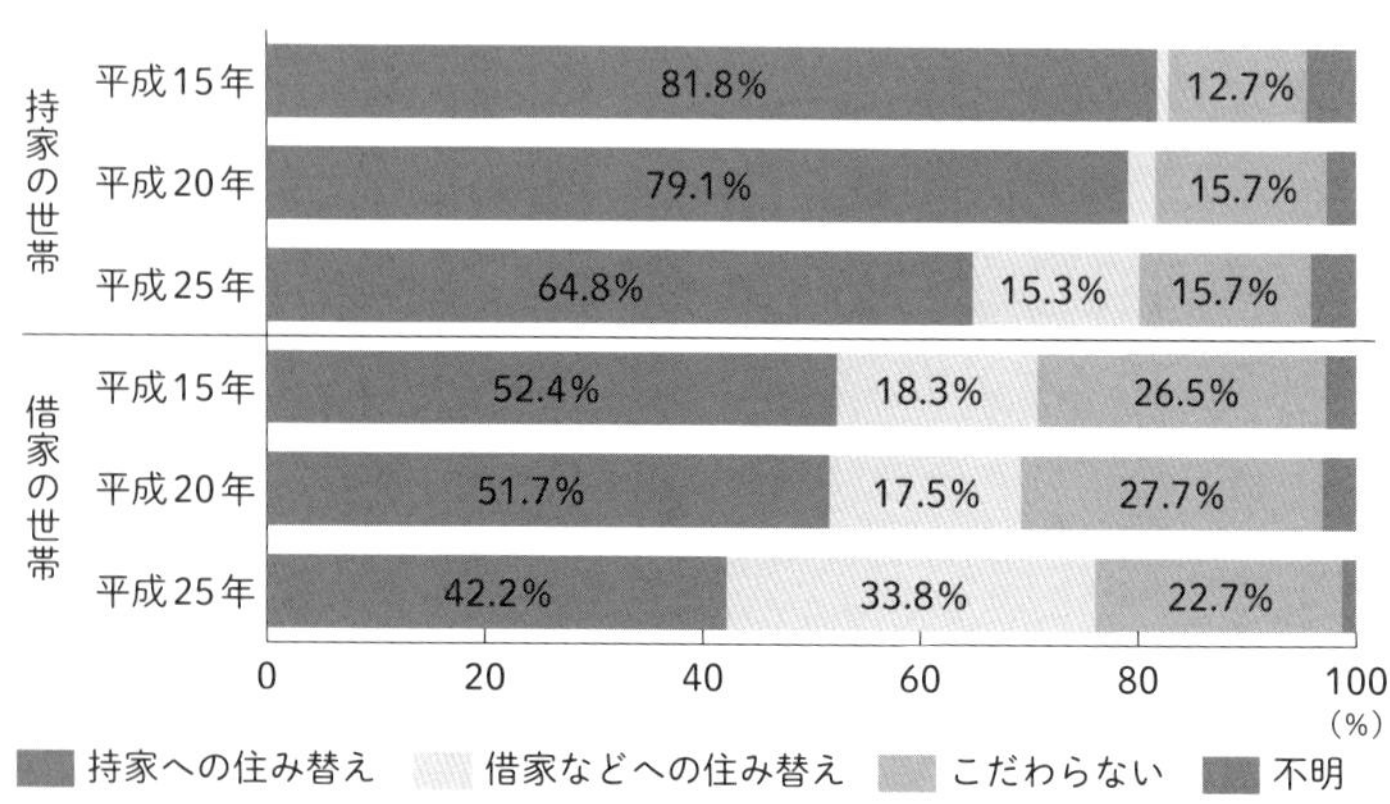

出典:国土交通省「平成30年度　住宅経済関連データ」3.住宅に関する国民の意識／今後の居住形態及び住み替え方法」のデータを元に作成

世帯でも借家の世帯でも、「借家などへの住み替え」を希望する人が増えていることが分かります。もちろん、どちらが多いかといえば、圧倒的に持ち家への住み替えを希望する人が多いのですが、賃貸住宅に対するネガティブなイメージが徐々に薄れてきている様子が見てとれます。

これは実は「借家など」のなかに、介護施設などが含まれているためです。

「バリアフリー」ならぬ「バリア有りー」の持ち家よりも、亡くなるまでの居住が確実に保証されるのであれば、最新の設備を備えた介護サービス付きのシニア住宅を望む人が増えているのです。

アクティブシニアの新たな住まい　シェアハウス（交流型住宅）

シェアハウスとは、複数人で一つの住居を共有（シェア）して使うもので、ルームシェアとか、ハウスシェアなどとも呼ばれます。

日本では18ページでお話ししたテレビのリアリティ番組で有名になりましたが、その起源をたどれば旅行者向けのゲストハウスに行きつきます。

2000年代にリビングやキッチン、浴室やトイレが共用であるシェアハウスに、ほかの入居者との交流を目的として入居する人が増え始めました。

一人暮らしは何かと寂しい時もありますから、誰かと一緒に食事ができたり、あるいは暇な時は一緒にテレビを見たりゲームに興じたりもできるシェアハウスは、他人の体温が感じられる一人暮らし用の住居として、一部の若者に人気となったのです。もちろん、一人になりたい時はベッドと机のある個室にこもることもできます。

シェアハウスが知られ始めると起業家の卵が集まるシェアハウスとか、シングルマザーの集まるシェアハウスとか、コミュニティの形成を目的としたシェアハウスもつくられるようになりました。

シェアハウスは一般的に若者の住むところと思われていますが、最近ではシニア向けのシェアハウスも増え始めています。建築家によれば今後の社会情勢を鑑みると若い時代にシェアハウスを知った世代がシニア世代になった時には、シニア向けのシェアハウスが主流になるのではないかとも予測されています。

ここで気をつけておきたいことはこうした共同住宅は住民の一人ひとりが生活の担い手であらねばならないということです。そのためにはある程度の体力と、精神的な自立も必要です。そのように考えると、現時点ではアクティブシニアの住まいに限定されるかもしれません。

生活に必要なサービスが提供される住宅で優雅に暮らす

さて、持ち家も借家もシェアハウスも、自分の住居は、自分で維持しなければならないという共通点がありますが、それとは別の暮らし方もあります。

それが、ホテルや有料老人ホームなどのサービス付きの住宅で暮らすことです。

例えば昭和の大女優である山田五十鈴さんは帝国ホテルで暮らしていましたし、映画評論家の淀川長治さんは全日空ホテルを生活の場としていました。詩人の岩谷時子さんや俳優の杉浦直樹さんもホテルを住居としていたそうです。

外国ではココ・シャネルがフランスのオテル・リッツ・パリのスイートルームで寝起きしていたことがよく知られています。現代でも、元ライブドア社長の堀江貴文さんや、テレビタレントのデーブ・スペクターさんや、小説家の伊集院静さんなどが、ホテルで暮らしていたことがあるといわれています。

なぜその方たちがホテル暮らしを選ぶのかといえば、ひとえに便利だからです。

ホテルは立地が非常に良く、レストランに行くのもショッピングに行くのも仕事に行くのもとても手軽です。また、スタッフが常駐しているので、たいていのことは頼むことができます。

雨が降っていて外に出たくない日は、ホテルの中のレストランで食事をしてもよいですし、ルームサービスを頼むこともできます。衣類の洗濯や部屋のクリーニングも留守の間にやってもらうことができますし、お店の予約や宅配便の送付や受取、タクシーの手配まで頼むことができますがそれなりの費用は覚悟しなければなりません。

それよりはコストを抑えることができ、ホテルのようなサービスを期待できるのが有料老人ホームです。

一昔前の有料老人ホームといえば、高額な入居一時金が必要で、ホテル住まいまではいかずとも、ある程度余裕のある人にしか手の届かない住居でしたが、そのサービスや入居費用も多様化しています。地域性はありますが、ハイクラスなものでも一時入居金が1000万円～3000万円程度、月に必要な費用が20万円代と比較的入居しやすくなっています。

また安価な有料老人ホームもあるほか、認知症予防・治療に特化、趣味など文化的な活動に力を入れるなどさまざまあり、自分のライフスタイルにマッチしたところを探しやすくなっています。

海外で生まれたシニア住宅CCRC

シニアにとって理想的な住まいとはどのようなものか。

かつて人類の寿命が50年で尽きていた頃にはあまり気に留められることのなかったこの問題が、社会の長寿化に伴って次第に重要性を帯びてきました。

なぜならば、私たちは誰でもいずれ死を迎える存在であり、その直前には身体機能の低下という命の衰退を避けることはできないからです。

身体機能の低下したシニアが日常生活を円滑に送っていくためには何らかのケア(介助)が必要です。

かつての社会では、身体機能が低下する前に病気や怪我による速やかな「死」が、その問題を覆い隠していました。

しかし、病気や怪我をできるだけ排除して健康を維持することができるようになった現代社会では、寿命による老衰死が多くなり、皮肉なことに、逆にケアの必要性が増しています。

誰もが憧れる「ピンピンコロリ」は、まだ寿命が70歳そこそこしかなかった1980年代前半に生まれた言葉で、医学の進歩によって、今では「ピンピンダラダラ」が的確になってしまいました。

この問題に対して、海外ではそれぞれの国の文化に合わせた対応をしています。

例えば、スウェーデンをはじめとする北欧諸国は、消費税率が25%以上という高い税負担を前提として、生まれてから死ぬまでの生活を保障する高福祉社会を実現しています。

そのため「スウェーデンには寝たきり老人がいない」などと理想社会のように語られることがありますが、これはある意味では真実ですが、その裏には「寝たきり」を許さない文化的背景があります。

厳しい自然のなかで生活を育んできた北欧の人々は、生き延びるために徹底的にリアリズムの考え方をします。

例えば、スウェーデンは2020年の新型コロナウイルスの流行に対して、ほかの国とは異なりロックダウンを行わず、学校や飲食店をそのまま開きました。多少、感染者が増えたとしても、経済が低迷し失業者が増加して社会不安が高まるよりも長期的には良い結果になると判断したのです。

あるいは「男女平等ランキング」として知られる、世界経済フォーラムの「ジェンダー・ギャップ指数2020」では、1位アイスランド、2位ノルウェー、3位フィンランド、4位スウェーデンと、北欧5カ国のうち4カ国がベスト4を占めています。6年前まではデンマークも5位につけていたのですが、現在は14位です。それでもフランスやスイスよりも高順位にあります。ちなみに日本は121位と残念な結果でした。

北欧諸国で男女平等が実現しているのは、人口や資源の少ない小国では「年齢や性別に関係なく、働ける人には働いてもらおう」というリアリズムの精神があるからです。逆に「専業主婦」は「働けるのに働いていない＝税を納めていない」と見なされて、白い目で見られるような風潮まであります。

もちろん女性の社会参加を推進するために「世界最長の育児休暇」や「待機児童ゼロを実現する保育園」など制度も充実しています。

このような透徹したリアリズムには、もちろん賛否両論ありますが、大国に脅かされ続けた国家を存続させるための一つの考え方ではあります。

そのような北欧社会では、人の死についてもリアリスティックな考え方をもっています。例えばスウェーデンでは、延命治療である胃ろう（口から栄養を摂取できなくなった患者に対して、胃に穴をあけて直接栄養を流し込む対処法）を行うのは、その患者が再び回復して働けるようになる可能性がある時のみだとルール化されています。

つまり、日本のように「親に少しでも長生きしてほしいから胃ろう処置を行う」といった情緒的な対処はなされません。

スウェーデンでは「口から食物を食べられなくなったら、それは寿命が尽きる兆候だからそのまま自然死させる」という考え方が見られます。ですから、スウェーデンには「寝たきり老人」がいないのです。老人が寝たきりにならないわけではなく、無闇な延命治療を施さないからです。

老衰による自然死を少しでも延命させようという延命治療は、敬老と長幼の序を尊重する儒教道徳の定着した東アジア地域では当然なのかもしれませんが、全世界的に普遍的な考え方ではなさそうです。

ちなみに、北欧ではありませんが、オランダ、ベルギー、ルクセンブルクといったベネルクス3カ国や、スイスやカナダやアメリカの一部の州では、さらに先進的な考え方として「回復の可能性がなく、心身に耐え難い苦痛がある末期患者は、本人の自発的意思に基づいて安楽死（尊厳死）を選ぶことができる」としています。

自分の人生の終わりを自分で選ぶ安楽死や尊厳死を認めようというのは、個人の意思を尊重するヨーロッパでは、賛成する人の多い考え方です。これも、日本ではなかなか理解するのが難しいかもしれません。

このような西欧的な個人主義の考え方をベースに始まったのが、アメリカの継続的ケア付高齢者コミュニティ（CCRC：Continuing Care Retirement Community）です。

子どもが成人したら、対等な大人同士として別々の家庭をもつことが当たり前のアメリカでは、老後の世話を子どもに見てもらいたいという考えはありません。

そのため19世紀から、教会や友愛結社などの福祉的な団体に、家や資産を寄付する代わりにケアを受けようという動きが見られるようになりました。

これがCCRCの始まりです。

現在のアメリカのCCRCは、分かりやすくいえば、日常生活や医療介護のケアが提供される巨大な高齢者の団地です。団地といっても、日本で想像される、マンションのように部屋が並んだ集合住宅ではなく、広々とした建売住宅が敷地内に並んでいるCCRCもありますし、あるいは都市部では高級マンションのようなCCRCも存在します。

一般的なCCRCは300戸以下ですが、それ以上の住居を保有するCCRCも珍しくありません。敷地内には病院やレストランはもちろん、図書館や映画館、フィットネスクラブなど、さまざまな娯楽施設が並び、入居者の利便性を高めています。

日本でいう「シニア住宅」が、小さな集落規模になったものだと考えればよいでしょう。入居者は早いうちからCCRCに転居することで、いざという場合に備えることができますし、生活の利便性を高めて、同じようなシニアの住人同士でコミュニティをつくり、新たな暮らしを楽しむことができます。

日本でも始まっている新しい「シニア住宅」

どちらかといえば富裕層の高級シニア住宅であるアメリカのCCRCに対して、日本ではシニアの地方移転を推進するような形で、日本版CCRCの構想が立てられました。

まだ健康な時期から、シニアの求める自然の豊かな地方へ移住することで、その地域に溶け込みやすくなるとともに、シニアが仕事や社会活動、生涯学習などに積極的に参加することで、地方を活性化できると考えられたからです。

その一つの事例が、栃木県那須市にある「サービス付き高齢者向け住宅」の「ゆいま～る那須」です。雄大な自然に囲まれたおよそ1万平米の土地に木造の住宅5棟、71戸があり、小さなコミュニティをつくっているサービス付き高齢者向け住宅です。一人で暮らす気楽さと自由、ともに暮らす楽しさのある場所として、地方創生の「生涯活躍のまち」の一つのモデルとしても注目を集めています。

「サービス付き高齢者向け住宅」とは、「高齢者住まい法」に定められたバリアフリーの賃貸住宅で、60歳以上で入居することができます。

一般的な老人ホームとは異なり、自立して生活できるシニアが暮らす住居として建てられているものが多いですが、近くにある介護や医療の事業所のサービスを手軽に利用することができます。

「ゆいま～る那須」はさらに、一般的な「サービス付き高齢者向け住宅」とは異なり、入居者が積極的に施設運営に参加してコミュニティを盛り上げることが求められる住宅です。

コミュニティで送迎車の運転手や厨房内で働く居住者、看護師資格を活かし、敷地内のデイサービスに勤務する居住者もいれば、ボランティアで、花と緑の部会での庭の整備、食事の前準備、隣接する森林ノ牧場の牛のえさやりなどに関わる人もいます。

また「ま〜る券」というハウス内通貨をつくり、居住者同士でしてほしいこととできることを出してもらい、この券を介してサービスをしたり、受けたりする共助の仕組みもあります。

たいていの人は高齢になっても自分の家でずっと暮らしたいと思うものです。それでも一人でいることが心細い時や、病気や身体機能が衰えて誰かの手を借りなければならないようになることもあり、最期まで一人で生きていくことは難しいものです。そこで体の動くうちから集まり、共同体のなかの一人として居場所をつくっていくという選択は、今の時代には必然といえるのではないでしょうか。

「ゆいま〜る那須」には、地域に開放されているバイキング型の食堂があり、働く場所でもあるワーカーズコレクティブ「ま〜る」では、居住者と地域の住民との共同出資で、お菓子作りや手打ちそば、工芸品の販売なども行っています。

交流を目的とするシニアのコミュニティ住宅

「ゆいま～る」シリーズは、株式会社コミュニティネットの提供する賃貸住宅ですが、父の跡を継いで高齢者施設の運営を手掛けている私もまた、シニアにはコミュニティが大切だと考えている一人です。

ただし、コミュニティといっても、いろいろな形があります。

そもそも、カタカナ語であるコミュニティの意味をきちんと理解している人はどれくらいいるでしょうか。私自身、コミュニティの定義を過不足なく説明せよといわれると、ちょっと自信がありません。

よく私たちが使うcommunication（コミュニケーション）の意味は「伝える」というニュアンスを含んでいると思いますが、ネットで少し調べてみますと、実はラテン語のcommunicatio（コムニカチオ）から来ているそうです。この言葉の意味は、「分かち合う、共有する」という意味だと書いてありました。

community（コミュニティ）という言葉もおそらく、communication（分かち合う・共有する）の場ということととらえることができるように思うのです。

ちなみに、初めてコミュニティの概念を用いたアメリカの社会学者ロバート・モリソン・マッキーバーは、1917年の著書で次のように定義をしています。

コミュニティとは、一定の地域のうえに展開される自生的な共同生活のことである。

ここでいう「一定の地域」とは、1917年当時は定期的にコミュニケーションがとれる距離ということでしょうが、現在ではインターネット上のファンベースコミュニティなど、地域や距離の制限がなくてもコミュニティが成立することが分かっています。

マッキーバーによるコミュニティの定義のポイントは「自主的な共同生活」です。コミュニティのメンバーは、誰かの指示や命令によって集められたり目的を与えられたりするのではなく、自主的にその場にいることを選択し、コミュニケーションを取り合うような関係でなければなりません。

その意味では、会社はコミュニティとはいえないでしょう。会社は「特定の目的に沿って集められた利害集団」だからです。その一方で、もしその会社のなかに、テニス同好会が自然発生的に出来上がったとしたら、それはコミュニティといえます。誰かに命じられたわけでもなく、テニスをやりたい人たちが集まってできた組織だからです。

また、マッキーバーは、コミュニティのメンバーには、そこに属している自分たちが仲間であるという「共属感情」、コミュニティに対して何らかの貢献をしなければという「役割意識」、コミュニティ内のメンバーに対する心理的な「依存意識」が見られるとしています。つまり、メンバー同士の結び付きが強く、お互いを仲間だと感じて、貢献する気持ちがなければコミュニティとはいえないのです。

以上の観点から、最も原始的なコミュニティは「仲の良い家庭」といえるでしょう。あるいは「仲の良い友達集団」も、古くから存在するコミュニティです。

そう考えた時に、確かにコミュニティは人間のQOLの向上には欠かせないものですが、それをつくりあげたり、参加したりすることの難しさに気づきます。

学校やPTA、会社を考えればすぐに分かりますが、人はただ1カ所に集められただけではコミュニティを形成しません。

同じマンションに暮らしているからといって、そのマンションの住人がコミュニティであるとはいえませんし、同じ地域に暮らしているからといって簡単に地域コミュニティがあるともいえないのです。

ですから、学校ではクラス対抗の運動会や音楽会を行って仲間意識を醸成しなければいけませんし、PTAでは親睦会を開き、会社では部署ごとに目標を定めてみんなの力を一つにしないといけないのです。

そうやって一定の仲間意識をつくったとしても、それは特定の目的に突き動かされてのものであることが多く、純粋なコミュニティとはいえません。マッキーバーは、特定の目的や利害関係で組織されたものをアソシエーションと呼んで区別しています。

アソシエーションも個々のメンバーに「共属感情」や「役割意識」、「依存意識」が見られますが、特定の目的や利害関係がなくなってしまえば、すぐに解消されてしまう関係であることがコミュニティとは異なります。

それくらい、コミュニティをつくることは難しいのです。コミュニティ住宅の旗を掲げて入居者を集めるだけではコミュニティは形成されません。メンバーによる自主的かつ積極的なつながりや、ある事柄を能動的に分かち合うことが必要だからです。

ですから、シニア住宅を運営する私たちにできるのは、コミュニティが促進されるようなきっかけづくり、そしてハード面において設備や制度を整えて、ファシリテートすることなのかもしれません。

そのような考えのもとに、私たちらくらグループがコミュニティ住宅として取り組んだのが、北海道は札幌市北区新川にある、サービス付き高齢者向け住宅「らくら新川」です。

2018年にオープンしたこの住宅は、それぞれの住戸を利用権方式として提供しつつ、平日は毎日、食にこだわりをもつ地域の主婦たちがつくるバイキングのサービスがあり、また、専門職員による見守り体制を整えることで、シニアの健康やセキュリティへの不安を解消しています。もちろん外出や外泊に対する制限はいっさいありません。

「らくら新川」は、ホテルとマンションのいいとこ取りを目指した住宅です。

1LDK以上の住戸にはキッチンや浴室、トイレなど、通常のマンションと同様の設備が備えてあるので、ホテルとしての機能をいっさい使わずにセキュリティの充実したマンションとして住むこともできます。一方で、毎日のバイキングや共同のコインランドリー、共同の浴場、ロビーといった設備を利用することで、ホテル暮らしの気分を味わうこともできます。

さらに私が「らくら新川」のコミュニティ形成を促進するために力を入れたのが「らくら新川」のサロンで開催されているカルチャースクール「10歳若返りクラブ」です。

これは時にプロ級、時に地域のシニアの講師が教える本格的なカルチャースクールです。みなさまの生きがいとなり、ふれあいの場となるよう「動く」、「創る」、「学ぶ」活動を提供するとともに、コミュニティ形成を促進できるように、カルチャースクールは地域の方々にも開放しています。つまり、地域の大人や子どもたちと一緒にカルチャースクールに通うことができるのです。また、カルチャースクールで学んだ結果、自分が講師になってお金をいただく側になるということもできるのです。

実際に「らくら新川」では、空手のスクールでシニアと小学生が一緒に学ぶ姿が見られます。

私の見てきた限りでは、シニアの方は同世代のシニア同士で「分かる分かる」と共感し合うのももちろん好きですが、それよりも若い人と話している時のほうが楽しそうに見えます。

おそらく、若い人に自分の経験してきた知識や思いを伝承することが本能的に好きなのでしょう。あるいは、元気な若い人と話すとエネルギーがもらえて若返ったような華やかな気分になるのかもしれません。
「らくら新川」でも、若い職員はいつも人気で、あまりに長時間楽しそうに話し込んでいる姿を見ると少し心配になりますが、これも職員の大切な仕事の一つと思います。

そのほかにも、コミュニティ形成を促進する方法として、私は「友人同士での入居」をすすめたいと考えています。

一昔前に、居住予定者が集まって組合をつくり、共同で住宅の建設から運営までを行うコーポラティブハウスが話題になったことがありました。居住者が主体的に自由に住宅をつくれるのでとても良いアイデアだったのですが、人が集まれば意見や価値観の相違もあって、うまくいくケースもあればそうでないケースもあります。

まったく知らない人同士で意気投合してコミュニティをつくるのはなかなかハードルが高いので、もともとコミュニティができている友人と一緒に入居できれば、それを核としたコミュニティが広がるのではないかと考えています。私も40年来の大切な親友がいます。彼女は今は、ニューヨークに住んでおり1年に一度しか会えませんが、会えば昔のままですぐに打ちとけ合うほどの仲です。もし私が入居するとしたら、彼女と一緒の入居を考えるでしょう。

前で紹介したコミュニティ住宅「ゆいま～る」に企画から関わり、現在も「ゆいま～る那須」に住んでいる近山恵子さん、櫛引順子さん、佐々木敏子さんの3人も、20代からの友人同士なのだそうです。「ゆいま～る」創設の体験談は、3人の共著『どこで、誰と、どう暮らす？ 40代から準備する共生の住まいづくり』に書かれています。

日本におけるシニアのコミュニティハウスの取り組みは、まだ始まったばかりです。私たち、らくらグループも、引き続きシニアの幸せな生活のために尽力していきますので、長い目で見守っていただければ幸いです。

共生住宅としてのコレクティブハウスの試み

日本のシェアハウスが若者向けに発展した一方で、もう少し落ちついた形態の共生住宅を探る試みも起こってきています。

特定非営利活動法人コレクティブハウジング社は、個々の住戸に部屋だけでなくトイレ、浴室、キッチンを完備して、普通の集合住宅としても暮らせるようにしたうえで、大きなキッチンや食堂、洗濯室などの共有スペースを充実させたコレクティブハウスを日本に根付かせようと活動しています。

現在、コレクティブハウス本町田、コレクティブハウス横浜、スガモフラットなど10近くのプロジェクトが進行中であり、実際に暮らしている人がいます。

コレクティブハウスという言葉は、1970年代にスウェーデンで生まれました。その後、同じく北欧のデンマークやオランダなどに広がり、親しい人々が生活を共同で行うライフスタイルとして有名になりました。

前の項目で紹介した日本型CCRCとの大きな違いは、コレクティブハウスはシニアを対象としてつくられていないということです。また最初からコミュニティありきでつくられているので、食事の支度や片付け、洗濯などの雑用を、そこで暮らす他世代の人たちとシェアし合うことが必要になります。ですから、ずっと一人で過ごしたいという人には向いていません。

巣鴨にあるスガモフラットでも、居住者が当番制で食事を作るコモンミールがあり、全員が月に一度は必ず調理を担当します。そのほか、キッチンや庭などのコモンスペースの清掃やクリスマスなどのイベントの開催もさまざまな世代、家族構成の居住者たちが話し合い、当番制で行うことにしています。

これはある意味では血のつながらない緩やかな家族ともいえるでしょう。そのため、コレクティブハウスは、独りぼっちの孤独感からの解消とセキュリティの向上、そしてお互いのケアができるライフスタイルとして、大きな期待を集めています。

私も現在は一人暮らしで、今は仕事が忙しいので家には寝に帰るだけの生活ですが、先行きはどうしようかとふと考えることがあります。

私自身、一人暮らしの快適さは十分に理解していますが、このさき歳を取っていった時に、やはりコミュニティに所属していることが大事になるのではないかと考えています。

というのも、健康なシニアと要介護のシニアとの間の違いとして社交性の有無が挙げられているからです。

体を動かすこと、特によく食べてよくしゃべる、つまり口元の筋肉が動いているシニアは、総じて健康寿命が長く、歳を取っても介護を必要としていません。脳への刺激も大いに働くと考えられます。

人と交わって、自分以外のことに興味をもつ社交性があると、体も動くし意欲も湧くし、肉体的にも精神的にも健康を保つことができるのです。

逆に、社交性がなくなって家の中に引きこもると、食欲もなくなるし、身体機能も認知機能も衰えて、要介護に向かって負のスパイラルに落ちてしまいます。

女性はおしゃべりなので長命だともいわれますが、子どもが巣立っていなくなり、配偶者も亡くなって一人暮らしになると、だんだんとしゃべる相手がいなくなるので、精神的に落ち込むことが多くなるようです。

一人暮らしというのは、若者にとっては憧れかもしれませんが、シニアにとってはできれば避けたいものです。孤立するシニアができるだけ少なくなるように、行政も自治会、町内会、老人会などといったコミュニティの形成を援助しています。民生委員の仕事で、一人暮らしのシニアを訪問した経験をおもちの方も多いでしょう。

ですから、一人暮らしのシニアにはなるべく人との関わりを保てるように、何らかのコミュニティ住宅に住むことをおすすめしたいです。

もちろん、人にはそれぞれ価値観や世界観、趣味嗜好がありますから、このようなコミュニティ住宅がいちばん、といった推薦はできません。

人によっては、いわゆる老人ホームのようにすべて世話をしてもらえるところが最高という人もいるでしょうし、下町なので隣近所の付き合いと老人会の井戸端会議だけで十分という人もいるでしょう。そこはみなさんの好みで選んでいただければよいと思いますが、もし最近はあまり他人と話していないという方がいらっしゃいましたら、ぜひ何らかのコミュニティへの参加を検討して、外出を増やすことをおすすめしたいです。

内閣府による2015年の調査によれば、身体機能が低下した場合でも、65％の人が自宅での居住継続を希望しているそうです。

思い出の数多く残る慣れ親しんだ自宅に執着する気持ちはとてもよく分かりますが、その住宅が人のいないがらんどうになっていないかどうかは、よく考えてみる価値があると思います。

それと同時に、年齢が高くなればなるほど、今まで住んでいた地域にそのまま住み続けたいと思う気持ちが強くなるようです。希望地域が狭くなればなるほど、満足できる住居を探すのには時間が掛かりますから、転居にせよリフォームにせよ、できるだけ早いうちに考え始めるのが得策です。

第四章

【趣味・仕事編】体力が衰えても生きがいは見つかる

60歳を過ぎてもできる趣味・仕事

生涯現役で社会とつながる

60歳からの人生を豊かにするためには、仕事や趣味についてもこれまでとは違う視点で考える必要があります。

かつての日本では、定年後の生活を「楽隠居」や「悠々自適」といった言葉で語っていたものですが、時代は大きく変わりました。

60歳を超えても働き続ける人は、令和元年の調査によると全体の7割を超えています。これは男女合わせての数字ですが、男性のみに限れば85・8%が60歳になっても働いています。65歳を超えても働き続ける人も全男女の半数近くにのぼります。

また、現在、収入のある仕事をしている60歳以上のシニアの約4割が「働けるうちはいつまでも」働いていたいと回答しています。「仕事をしたいと思わない」と回答した人は、わずか0・8%しかいませんでした。

ロンドン・ビジネス・スクールのリンダ・グラットン教授の『LIFE SHIFT（ライフ・

収入のある仕事をしている人の割合

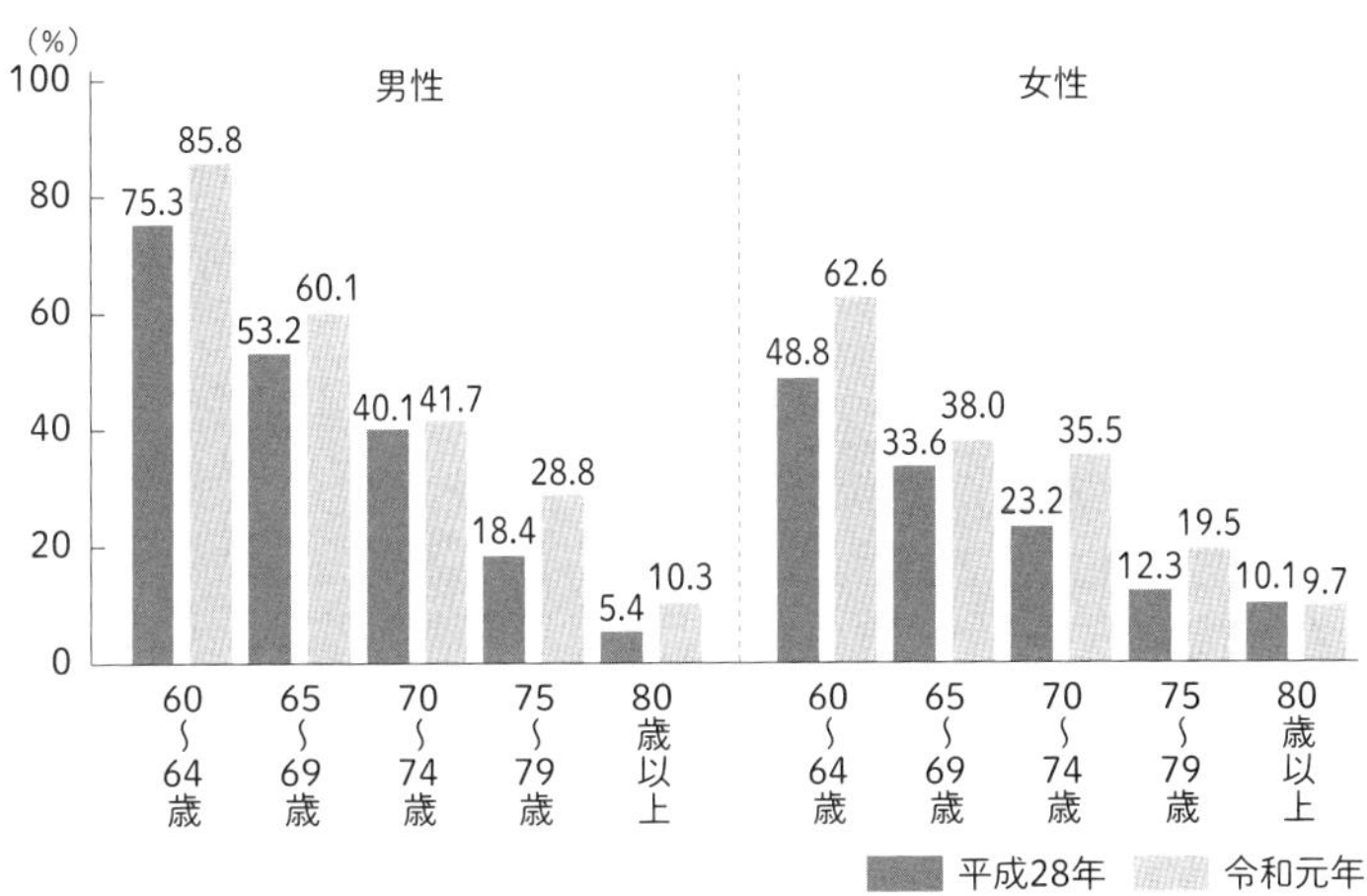

出典：内閣府『令和２年版　高齢社会白書』2020

何歳頃まで収入を伴う仕事をしたいか

※調査対象は、全国の60歳以上の男女

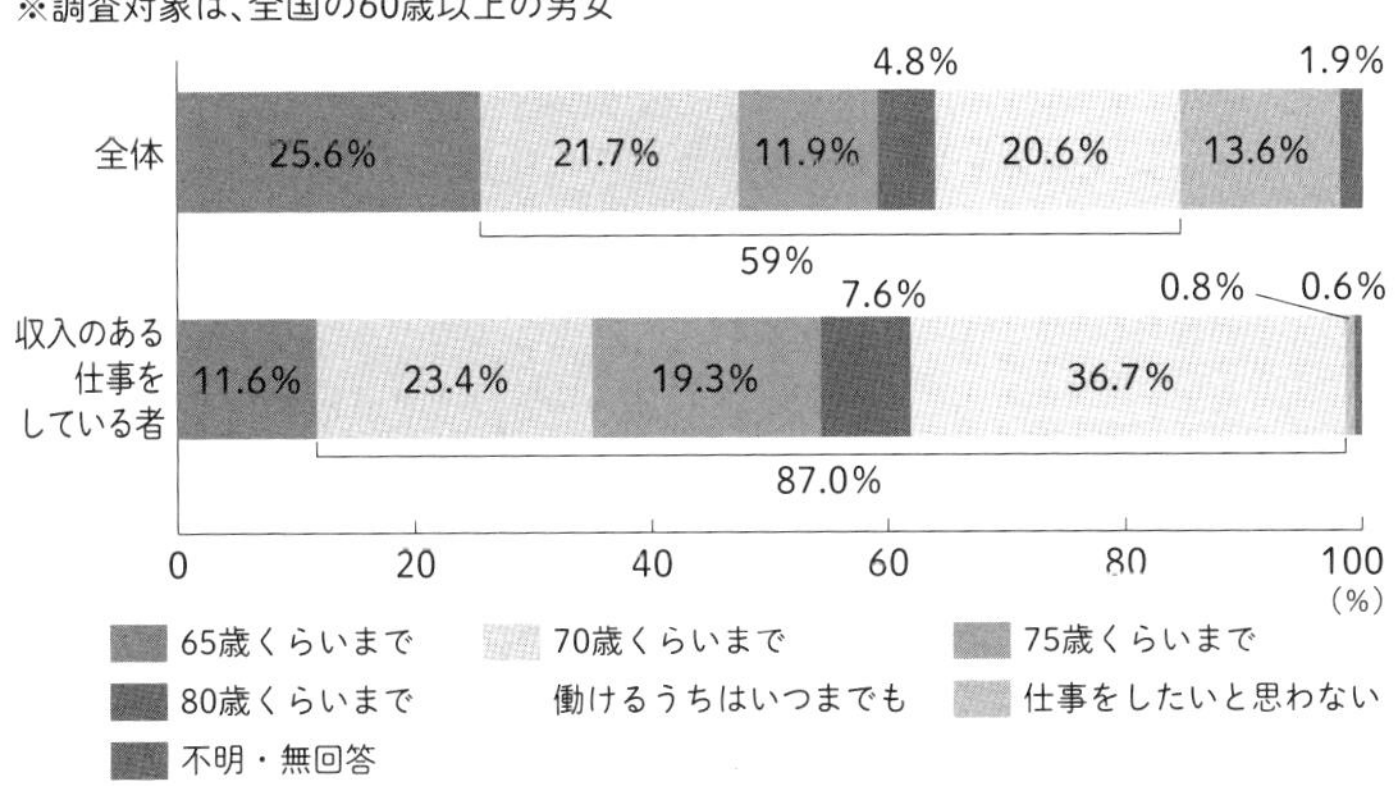

資料：内閣府「高齢者の経済生活に関する調査」（令和元年度）

シフト）100年時代の人生戦略』によれば、2007年生まれの日本人の寿命は107歳まで延びる可能性があるそうです。

それだけ寿命が延びれば、60代はまだまだ現役です。60歳で定年後は何もせずに余生をのんびりと送る時代はすでに過去のものになりましたし、仕事をしているシニアを対象にしたさきほどの調査でも、9割近くが少なくとも70歳、もしくはそれ以上の年齢まで働きたいと回答しています。

私たちが若い頃に仕事を求めるのは、一人暮らしをしたいとか、いろいろな遊びをしたいとか、家庭をもちたいとか、そういった欲望を叶えるため、つまり主にお金のためでしたが、シニアにとってはそれだけではなく仕事をする価値観の変化が見られるようです。

例えば、「知識や技術をつないでいきたい」「世の中の役に立つ仕事をしたい」など、社会に対して今まで培ってきたご自身の存在価値を社会のために役立てたいという側面が強いようです。

もちろんシニアにとってもお金は大切なものですが、年金も受給しているシニアにとって働きたい理由はお金のためだけではなさそうです。

前章でコミュニティの大切さについて述べたように、シニアは働くことで人と関われる

■高齢期の就業希望理由

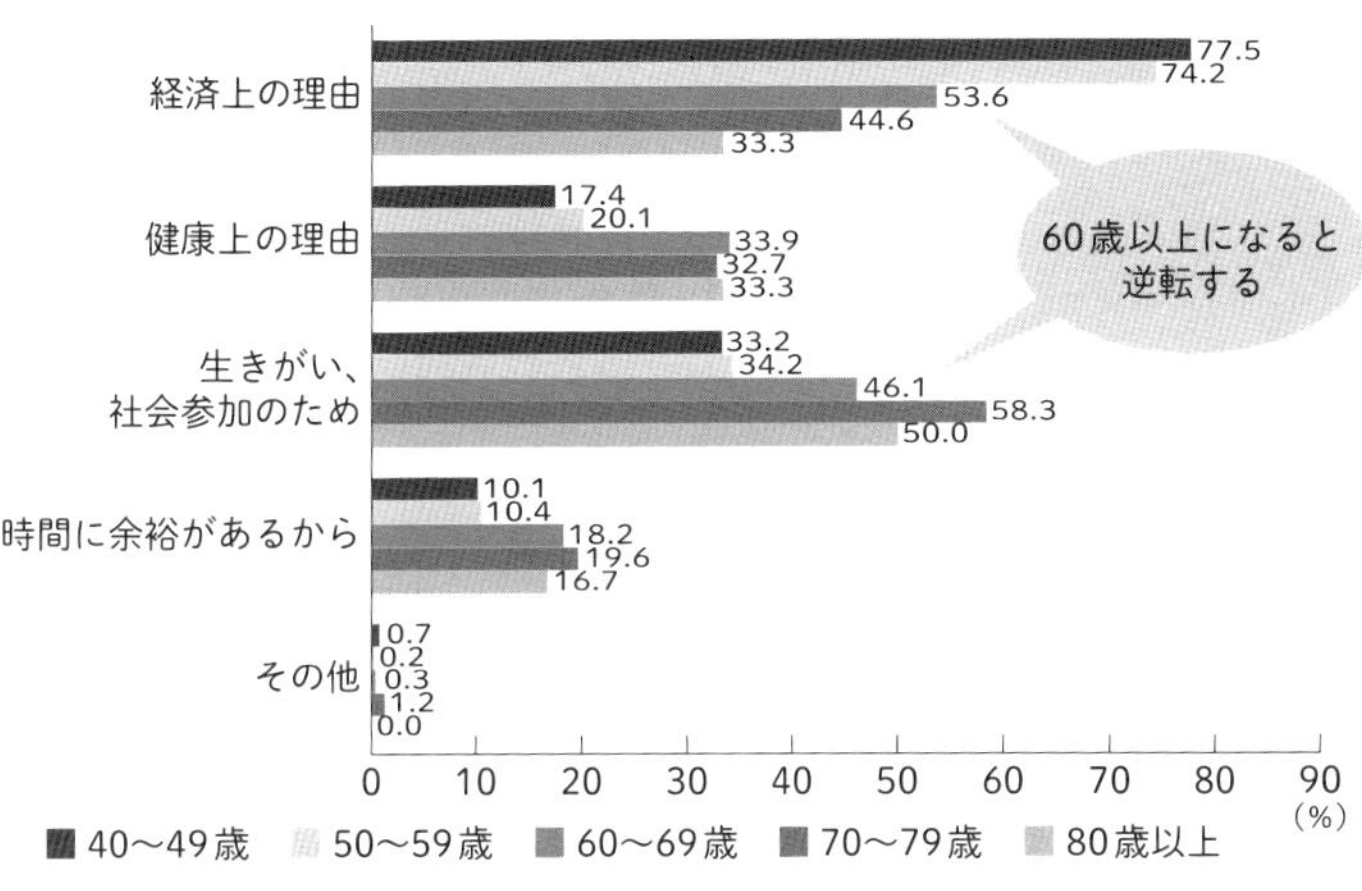

出典：三菱ＵＦＪリサーチ＆コンサルティング「平成27年度少子高齢社会等調査検討事業報告書」2016

ことに、生きがいや喜びを見いだしている面があります。

三菱ＵＦＪリサーチ＆コンサルティングの調査（２０１６年）によれば、働きたい理由として「経済上の理由」を挙げたのは、40代では77・5％でしたが、70代では44・6％、80歳以上では33・3％に過ぎませんでした。

一方で「生きがい、社会参加のため」と回答したのは、40代では33・2％でしたが、70代では58・3％、80歳以上では50％と、逆に高くなっています。

また「健康上の理由」と回答したのは、40代では17・4％でしたが、60代では33・9％、70代では32・7％、80歳以上も33・3％と、体を動かしたい欲求も伝わってきます。家にじっとしているよりは働いていたほうがまし、というシニアの気持ちが伝わってくる調査結果です。

では、実際にシニアには働き口はあるのでしょうか。幸か不幸か、少子高齢化で日本は人手不足の状況下にあるため、仕事を選ばなければシニアへの求職はたくさんあります。

特に、コンビニの店員など接客の人員は足りていないようで、いつでも求人を見つけられます。実際、ここ数年、コンビニやファストフードの店員には、過去であれば敬遠されていた外国人やシニアが目立つようになりました。

内閣府『令和2年版高齢社会白書』によれば、現在でもすでに、70代前半の男性の35%、同じく女性の21%が何らかの仕事をしているそうです。

さて、みなさんはシニアになっても働き続けますか？　それともすでに働いていますか？

自分の価値観で仕事を選ぶ

シニアが働くといっても、いったん仕事から離れてしまった方は、いったいどこでどうして働けばいいのか途方にくれるかもしれません。

そもそも「働く」とはどういうことかを辞書で調べると「動く」「他人のために奔走する」などの意味が出てきます。つまり、必ずしも対価として報酬を得ることが「働く」ことではないと分かります。無償のボランティアとか、あるいは自治会、町内会やマンション理事会の役割分担も、シニアの「仕事」です。

「働く」という言葉には「傍を楽にする」という意味があるとされていますから、自分が動くことで他人や社会に貢献できたのであれば、それが「働く」ことになるのでしょう。そして、大きな貢献ができた時は、たいていの場合、対価としての報酬も得ることができます。

しかし、ひとくちに他人や社会に貢献するといっても、そのバリエーションは無数にあります。毎朝、家の前のゴミを拾って落ち葉掃除をするのも立派な「仕事」ですが、例えば、足を悪くした車椅子の方には困難な作業ですし、人によっては早起きが苦手で夜間のほうが活発に活動できる方もいるでしょう。どうせ働くならたくさん稼ぎたいという方もいるでしょうし、自分の好きな分野で活躍したいという願望も普遍的なものです。

せっかく、年金の受給を受けて、扶養家族も減って、それほど収入にこだわる必要のないシニアになったのですから、自分の好きでやりがいのある働き方を選びたいものです。そのために必要なのが、自分は何が好きで何をしたいのかを今一度考えてみることです。

中高年齢者の就労促進と福祉の向上を目的に、1973年に設立された一般社団法人中高年齢者雇用福祉協会（JADA）では、中高年齢者のための「生涯生活設計チェックリスト」を用意して、シニアの充実した生き方をサポートしています。

「今後の収入や生活費に対する認識」、「現在の自分の健康状態」、「これまでの仕事や生活で身につけたスキル」、「家族や友人、地域を含む交友関係」など、シニアライフを充実させるための要素について質問しています。

各項目に対し、『はい』か『いいえ』のいずれかでチェックしてみてください。

さらに、そのなかでも最も重要視するものを3つ選ぶことで、自分の価値観が見えてきます。

生涯生活設計チェックリスト

あなたはこれからの人生を、生きがいをもって過ごす自信がありますか。
現在の状況を確認しましょう。「はい」か「いいえ」のどちらかにチェックしてください。

質問	内容	はい	いいえ
1	現在の生活費がどれくらいか知っている		
2	職業生活引退後の収入がどのくらいか、およそ知っている		
3	年金や税金について、分かっているほうだと思う		
4	現在の資産状況を、おおよそ把握している		
5	職業生活からの引退に備え、経済的な対策を考えている		
6	自分の体質や既往症を把握している		
7	毎年、健康診断を定期的に受診している		
8	喫煙はしておらず、規則正しい生活をしている		
9	毎朝きちんと朝食をとっている		
10	心と体の健康のために行っていることがある		
11	現在までの職歴や生活歴のなかで、転職・再就職に役立つ専門能力や特技がある		
12	趣味やスポーツ、学習などで1年以上続けていることがある		
13	新しいことにチャレンジすることが好きだ		
14	職業生活引退後、1日(24時間)をうまく活用する自信がある		
15	掃除・洗濯・買い物・調理など、自分でできる		
16	家族や身近な人たちと、相談したり話し合ったりする		
17	近所の人たちとの付き合いがある		
18	親しい友人がいる		
19	困った時に相談できる人・場所がある		
20	地域の催しやボランティア活動に参加している		

出典：JADA刊ないすらいふ情報「PREPチェックリスト」より作成

「はい」のチェックが多かった項目を見てみましょう。

1〜5が多かった人 →【経済生活設計】の意識が高い
6〜10が多かった人 →【健康管理設計】に意識が高い
11〜15が多かった人 →【キャリア開発設計】の意識が高い
16〜20が多かった人 →【家族・交友・近隣関係】の意識が高い

「はい」が多かった項目は、「意識している」「準備ができている」傾向が高いです。チェックリストを参考に、自分がどのように生活していきたいか、何に重きをおいているかの参考にしてください。

ちょっと面倒に感じられるかもしれませんが、今、本を読む手を止めて、ペンを用意して書き込んでみてください。

さて、みなさんはどのような「働き方」が理想でしたか？

定年後も古巣に残って働く

現在、最もポピュラーなシニアの仕事は、「定年」後もそのまま勤めていた会社で働き続けることでしょう。

現在、日本政府は「高年齢者雇用安定法」を整備して、企業に65歳までの雇用機会の確保を義務付けています。日本企業の「定年」はおおむね60歳なのですが、年金の標準受給開始年齢が65歳なので、その年齢までの継続雇用などをお願いしています。

そのため、会社員のみなさんは、望めばたいていは65歳までは、所属していた企業や、企業のグループ会社などで働き続けることができます。

とはいえ、現場で働いていた方はともかく、マネジメント職にあった方にとっては、その道はあまり楽しいものではないかもしれません。

というのも、まず、たいていの企業では50代半ばから「役職定年」といって、部長職や課長職にあった人の任を解いて、後輩に道を譲ることを余儀なくされますし、「役職手当」がなくなって給料が減ります。

さらに、60歳定年を迎えたあとは、いったん退職後に「嘱託社員」「契約社員」などといった形で「再雇用」になることが多く、仕事はそれまでと同じまま、給与金額だけが3分の2になるなどといった待遇を強いられます。

もちろん、それはもともとの給料が高額だったことの裏返しでもありますから、会社全体で見れば決して低過ぎるということはないのですが「定年」前との落差を感じて、やる気をなくす方も少なからずいます。

そんな風潮のなかで、55歳であっさりと自分で決めた「定年」を受け入れて息子さんに経営を譲り、自分はこれまでやっていた仕事を淡々と続けつつ、後継者を見守っている方がいます。らくらグループのコーポレイトサイトの画像モデルになっていただいた方です。

85歳の今も元気に、そんな素敵なシニアライフを続けておられる方にお話をうかがいました。

85歳の関尾守人（せきおもりと）さんは、北海道・砂川市の関尾農園でりんごを作っています。関尾さんは9人きょうだいの末っ子として、戦前にりんご農家に生まれました。戦中から戦後にかけては日本がまだ貧しくて、お兄さんやお姉さんは次々と亡くなり、結局、末っ子の関尾さんが農家を継ぐことになったそうです。

しかし、自然災害の多い北海道は、りんごの栽培に最適の地というわけではありません。砂川市にも、以前は50～60のりんご農家があったそうですが、現在は関尾農園と三谷果樹園の2つくらいになってしまったそうです。

関尾さんの関尾農園も、現在はりんごではなくトマトが中心になっています。息子の関尾一史さんに代替わりする時に「自然の天候に左右されるりんごではなくハウスで施設園芸をやりたい」ということで、トマト中心に変わりました。

今では、ビニールハウスを建てるのに向いていない傾斜地だけで、先代の関尾さん夫婦が細々とりんご作りを続けています。

関尾さんも、自然災害にはずいぶんと悩まされてきました。関尾さんが高校を卒業してすぐに起きた1954年の洞爺丸台風では、数多くのりんごの木が倒されて農園は壊滅状態になったそうです。

その翌年にお父さまが病に倒れて亡くなったので、まだ若い関尾さんの両肩には大変な負担が掛かりました。しかし、父親の思いを受け継いだ関尾さんは、なんとかして生涯をかけてでも農園を守っていくぞと固く決意をして、なんとか今まで続けて来られたそうです。

洞爺丸台風でりんごの木が根こそぎ将棋倒しになってからの数年は貧乏のどん底で、家内にも迷惑を掛けたと関尾さんは語ります。

しかし、その後は苦労しながらも農園を立て直し、55歳で早々に一史さんに経営を譲ってからは悠々自適で、85歳になる今がいちばん幸せとのことでした。

父親が遺してくれたものを守ることができて、その跡を継いでくれる息子を残せたことで、自分の人生は意味のあるものになったと考えています。

55歳での代替わりは、会社員と比べてもずいぶんと早いように感じますが、肉体的に負担の大きい農家ではよくあることのようです。

それに、経営を譲ったといっても、関尾さんの生活はそれまでとまったく同じで、朝早く起きてりんごを育てる毎日です。りんごの木の本数が少なくなった分、他人に手伝ってもらうことがなくなっただけで、ご本人の手間は変わりません。

以降も、一史さんがトマトを作っている横で、りんご作りに精を出しています。85歳になった今でも品種改良には熱心で、本州に良い品種があると聞けば、何十万円もかけて苗木を購入したりしています。

関尾さんにとっては、元気に働けることが何よりの喜びなのです。

ほかにやりたいことはありますかと聞いたところ、実は山登りが好きだと教えてくれました。高校時代も山岳部で、55歳で一史さんに農園の経営を譲ってからは、スイスやヒマラヤの山脈へ何度も出掛けているそうです。

今はもうさすがに海外の山には行きませんが、75歳から毎年一度は富士山に登っているそうですから、たいしたものです。

農家の仕事で鍛えた頑健な肉体があってこそ続けられる趣味なのかもしれません。関尾さんは、85歳の今でも、昔と同じように20キログラムのりんごの箱を6段積んだり、運んだりできるとのことでした。

若い頃と比べてできなくなったことは特にないそうです。

周囲の方も同じようにお元気なのかと尋ねたところ「ほかの人のことは分からない」と

前置きしながらも、自分には老人クラブやカラオケ、庭いじりは向いていなかったと教えてくれました。

一時は老人クラブにも誘われて参加してみたものの、ただ会話するだけの場に耐えられず、数年でやめてしまったそうです。

今は、りんごを育てて、良い実りを得ることが何よりの喜びだとのことです。

関尾さんのお話を聞いていると、本当に、人の生き方に年齢はあまり関係ないなという気分になります。

「もういい歳なんだから」という世間の目や他人の意見を気にせず、いくつになっても働き続けるのが、シニアの健康の秘訣ではないでしょうか。

自分に合った新たな仕事を見つける

関尾さんは、もともと関尾農園の経営者なので、後進に道を譲ったといってもそれなりの立場でいつまでも働き続けられますが、一般企業に勤める雇用者の場合は、そう簡単にはいかないかもしれません。

やはり、定年というのは一つの人生の節目ですし、そこできっぱりと今までの仕事と会社にケリをつけて、新しい人生に向かって一歩を踏み出すのも素敵な生き方だと思います。

らくらグループでシニアライフ事業部マネジャーを務めている60歳の古山英洋(こやまひでひろ)さんは、もともとはMBAを取得して、ファイナンス業界の大手企業で働いていました。前職では海外勤務も経験し、60歳で退職するといった時にはかなり慰留されたそうです。

それがなぜ、北海道のローカル中小企業であるらくらグループに転職されてきて、申し訳ないけれども前職とは比べ物にならない給与で働いてくださっているのかといえば、古山さんの心境の変化と家庭の事情からです。

前職で大活躍された古山さんには、いくらでも転職の口がありました。会社の大株主だった商社や金融機関からは、別会社でマネジャー職を用意するから来てほしいと懇願され、同じ業界の海外の会社からも破格の条件での転職を提示されました。

しかし、古山さんにはもう同じ仕事を続ける気がなくなっていました。前職でかなり難しい仕事を成功させていて「社長賞」なども華々しくもらってしまったため、これからそれ以上の成果を挙げられるとも考え難く、何よりも達成感が大きかったために「やるだけのことはやった」との気持ちが湧いていたのです。

その気持ちを後押ししたのが家庭の事情でした。海外勤務が多く、激務で毎日が長時間労働だった古山さんは、前職ではあまり家庭を顧みる時間をもてませんでした。奥さまとは、結婚式も挙げず、結婚指輪も買わずの間柄だったそうです。

そうして、古山さんの定年間際に出てきたのが、高齢になった義理の両親の介護問題です。古山さん自身の両親はすでに亡くなっていましたが、奥さまの両親が北海道に二人だけで住んでいて、老老介護の状態になりつつあったのです。

そこで古山さんは、奥さまと一緒に北海道の義理の両親のそばに引っ越すことを考えます。

とはいえ、簡単な決断ではありませんでした。

離任の挨拶でヨーロッパを回った時には、現地の海運会社のオーナーからもたいへん感謝されて、記念に高級ネクタイをもらったり、親会社からも「これまでと同じ給与金額で引き続き働いてほしい」と慰留されたりするなかで、自分自身でも「辞めても悔いはないだけのことをやった」と感じられて「惜しまれているうちに辞めるのが花だろう」と決意が固まっていったそうです。

さて、北海道に移住すると決めたまでは良かったものの、そこで気になるのが次の仕事です。さすがに60歳ではまだ年金ももらえませんし、古山さん自身まだ引退するつもりもありませんでした。そこで北海道での求人を探したところ、見つかったのが私たちらくらグループだったというわけです。

古山さんの前職は会社全体の金融リスクコントロールと、シップファイナンスの海外営業統括で、同じような仕事は北海道にはありませんでしたし、退職を決めた時点でまったく新しい仕事をやってみたいとの気持ちが古山さんにはありました。そして、らくらグループの経営者である私も前職が海外の金融業界で、事業や経営に対する考え方が合ったことから、私の会社で働いていただけることになったのです。

現在、古山さんには配食事業であるらくらダイニングのマネジャーをしていただいています。前職で培った人を見る力や統率する力、リスクコントロールが秀でているので、若い人に慕われて、非常に良い影響を会社に与えてくれています。

古山さんが新しい職場で受け入れられているのは、前職でのキャリアをひけらかさず、一歩引いた姿勢で謙虚にふるまっているからです。

トイレ掃除などの雑用も積極的にやりますし、お客さまとの間で何か問題が起きた時には最年長社員として頭を下げに出向いてくれます。古山さん自身は「歳を取って丸くなったからだ」とおっしゃいますが、人を動かす経験値を積んできたからだと感じます。

前職とまったく異なる業界で働くことについて、古山さんには最初は葛藤があったといいます。金融という、生き馬の目を抜くような業界で働いてきた古山さんにとって、介護業界は「いい人ばかり」でギャップを感じたそうです。

らくらグループの経営理念は「らくらグループは、お客さま、従業員、私たちと繋がりのある全ての人々の幸福を叶える」となっていますが、これについても当初は「こんなきれいごとで会社を経営できるのか」と疑問を覚えたそうです。

しかし、実際に運営する施設を見学に回って、そこで働いているスタッフが、本当に「他人のために自分を犠牲にして働いている」人ばかりだと知った古山さんは、第二の人生を介護業界で送る決心がついたそうです。

今は、いい人が多いゆえに、ビジネスにうとく、給料が上がらない介護業界の構造的な問題点を解決する方法を一緒に考えてもらっています。

古山さんは転職して良かったと今は語ってくれています。

業界の違い、企業の大きさの違いに戸惑うことはあるものの、どの業界にも、どんな大きさの企業にもやりがいはあるとのことです。例えば大企業は扱っている金額が何十億単位で、責任感も大きく、ミスをしたら何千人という人の生活に関わる緊張感があります。

一方、中小企業では扱う金額も関わる人も少ないものの、一緒に働く身近な人のために働いているという感覚があり、また意思決定のプロセスがシンプルなために、自分のやりたいこと、思いついたことをすぐに実行に移せる機動力が高くて、非常に仕事がやりやすいと語ってくれました。

結局、転職したあとも仕事ずくめになっている古山さんですが、休みがとれたらゆっくり北海道の自然やアウトドアを堪能したいそうです。私から見ると、古山さんは義理のご両親の健康も気掛かりだったでしょうが、北海道という土地に魅力を感じて移住してきた側面も大きいように思います。

いずれにせよ、60歳という節目の年齢をきっかけに、自分のやりたいことを見つけて転職し、満足されているとのことなので経営者である私も、ほっとしています。

特技や趣味でプチ起業する

60代のシニアであれば就職先を見つけるのは決して難しくありませんが、せっかく新しい人生を始めるのであれば、検討していただきたいのが「プチ起業」です。

内閣府の『令和2年版高齢社会白書』によれば、2017年に起業した人の年齢構成は、55歳以上が男性は3割以上、女性は2割以上と、シニア起業がかなり多いことが分かります。

人生の経験を積み、お金をたくさんは必要としていないシニアだからこそできるのが、自分の特技や趣味を活かした起業です。

好きなものを集めてお店を開くのもよいですし、フリーランスになって自分の特技を人に教える仕事に就くのもいいでしょう。最初は1人で始めれば必要経費もほとんど掛かりませんし、お客さんが少しでもついてくれれば、自分一人が食べていく程度は稼げます。

100歳の喫茶店店主として親しまれた銀座の珈琲店カフェ・ド・ランブルのオーナー関口一郎さんが103歳で亡くなられるまで珈琲を淹れ続けたように、お店は歳を取って

起業者年齢別構成の推移

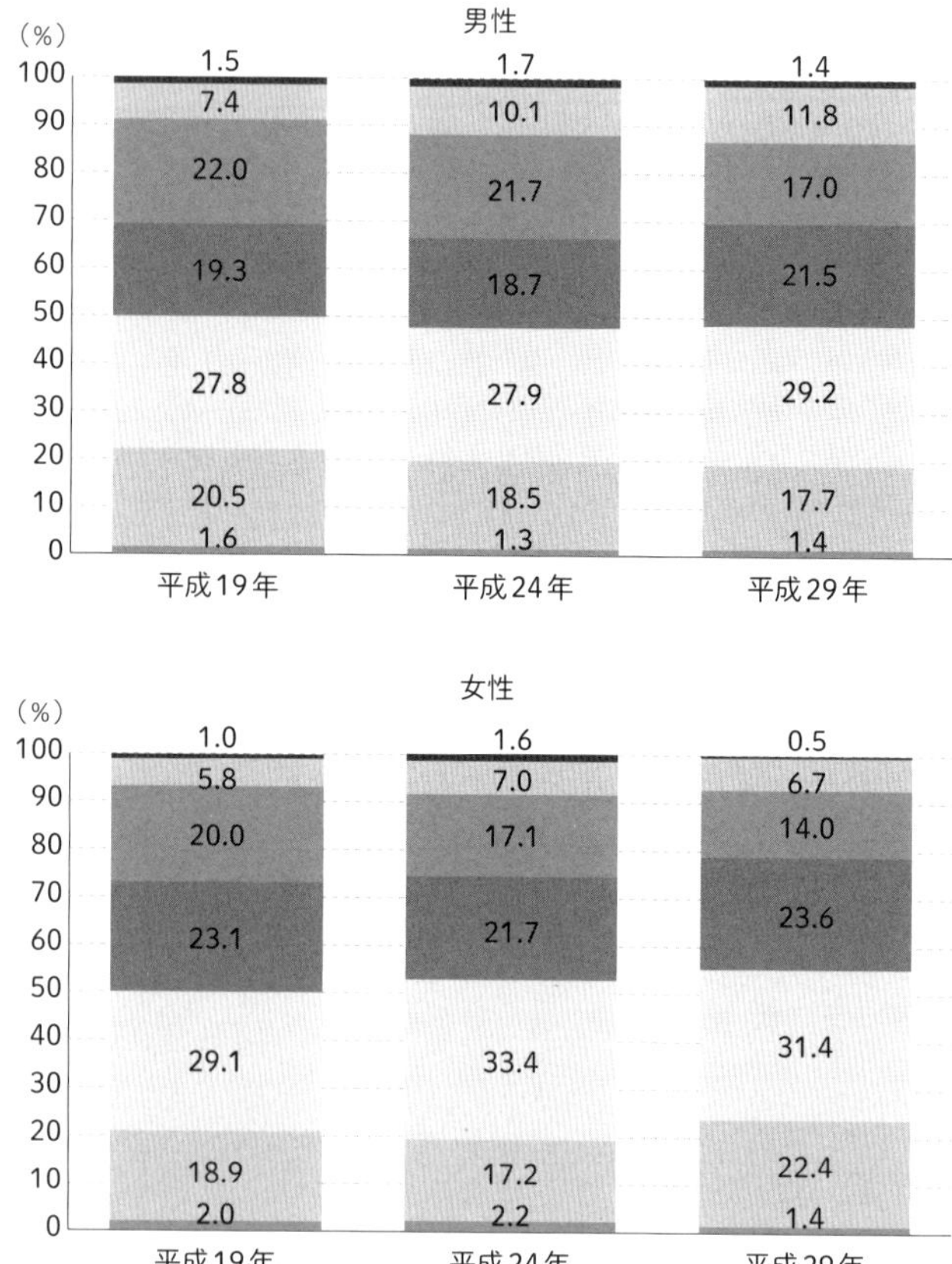

資料：総務省「就業構造基本調査」
（注1）継続就業期間5年未満の合計
（注2）「起業者」とは、「自営業主」及び「会社などの役員」のうち、今の事業を自ら起こした者をいう。

出典：内閣府『令和２年版　高齢社会白書』2020

からも長く続けられる商売です。

らくらグループのコーポレイトサイトでシニアモデルの一人となっている72歳の浅水(あさみず)ひさえさんも、シニアになってから自分のお店をもつことを決意した一人です。

浅水さんがやっているのは、札幌市の地下鉄東西線大通駅とバスセンター駅の間にある「おむすびと豚汁の店 なんぶ屋」で、開店からすでに14年になります。

現在72歳ですから、開店時は58歳。会社員であれば「定年」を意識して第一線から身を引くことを考える年齢で、浅水さんはどうしてリスクの高い飲食店の開業を行ったのでしょうか。

その背景にはプライベートな事情がありました。

学校を卒業してわりとすぐに結婚した浅水さんは、30歳を超えるまでは、ほとんど専業主婦の経験しかありませんでした。

1950年代生まれの浅水さんの世代にとって、女性が社会に出てバリバリ働くことはまだあまり一般的でなく、結婚して主婦になるのがよくある生き方でした。

そうして3人の男の子に恵まれた浅水さんでしたが、子ども3人ともなると家計も苦しくなり、3人目を保育園に預けてフルタイムで働くことにしました。それが30代の頃で、最初は歯科医院の受付で、その後は蕎麦屋の接客を長く務めていました。

最初はホールで働いていた浅水さんですが、途中から厨房に入って調理を担当するようになります。3人の子どもの母親として家庭を切り盛りする浅水さんは、料理も好きでしたから、蕎麦屋の仕事は長く続けることができました。

ところが、浅水さんが58歳の時、その蕎麦屋のオーナーが変わることになって、職を失います。もういい歳なのでそのまま仕事を辞めてもよかったのですが、浅水さんには働きたい事情がありました。

一つは、家の中にいるよりも外で働くほうが好きだったこと。

もう一つは、夫と離婚したかったことです。

浅水さんと長年苦楽をともにした旦那さんは、普段はいい人なのですが、お酒が入ると人が変わることがありました。旦那さんの酒乱に悩まされた浅水さんは、追い詰められて精神科にも通うようになり、なんとか離婚を承諾してもらいます。

そして、ここでもう一つ新たな事情が発覚しました。

60歳から支給されるはずだった国民年金が、納付期間が8年間不足しているために受給できないことが分かったのです。市役所に相談に行った浅水さんは「あと8年働きながら年金を納付してくだされば受給できます」と言われて、働き続けることを決意します。

とはいえ、当時58歳の浅水さんには働き口がたくさんあるわけではありません。

自分一人が食べていく程度の小さなお店はできないだろうかと考えた浅水さんの頭に浮かんだのは、自分がいつも食べているお米のことでした。

以前に、知り合いの農家さんからもらったお米がとてもおいしかったので、それ以来ずっとそのお米を購入して毎日の食事に使っていたのです。

「こんなにおいしいお米なら、みんなもきっと食べたいと思うのではないかしら」

そう考えた浅水さんは、同じお米を使ったおむすびを提供するお店を開くことを思いつきます。メニューがおむすびだけでは寂しいと感じた浅水さんは、一緒に豚汁と簡単なお惣菜を提供することも考えます。

こうして「おむすびと豚汁の店 なんぶ屋」の構想が出来上がりました。

「なんぶ」というのは、浅水さんの結婚前の旧姓です。女の子ばかりの6人姉妹の四女として生まれた浅水さんは「南部」の姓が自分たちの代で途絶えてしまうことを寂しいと感じていたため、お店の名前として復活させることにしたのです。

58歳の浅水さんが、飲食店を開業することに対しては、もちろん子どもたちからの反対がありました。けれども、どうしてもやってみたいと思った浅水さんは、仲の良かった姉と妹に資金を借りて開店にこぎつけます。

お金がなかったので調理も接客も浅水さんがたった1人で行いましたが、開店当初はまだ独身で同居していた三男も、仕事の合間に手伝ってくれたそうです。

幸いにも浅水さんのお店は地域に受け入れられて、2020年現在まで13年間、日曜祝日の定休日を除いてほとんど毎日ずっと続いています。

最近は新型コロナウイルスの流行でめっきり人通りが減って、お客さんが少なくて寂しいそうですが、それまでは毎日がとても充実していました。

シニア女性が1人で営むおむすびのお店で、お客さんも女性が8割です。特に地方から札幌に出て働いている女性にとって、浅水さんは自分のお母さんを思い出させる存在のようで、たびたび顔を見せて親しく話し掛けてくれるファンも大勢いました。男の子ばかり3人兄弟の母親である浅水さんにとっても、女の子はかわいくて、ちょっとした話ができるのを楽しみにしていたそうです。

元気だったら80歳まで続けたいと考えていた浅水さんですが、新型コロナウイルスの流行で客足が途絶えたことで最近はちょっと参っています。緊急事態宣言が出て休業していた2020年4、5月も毎日お店に出勤してお掃除をしていたくらい仕事の好きな浅水さんですから、なんとか続けたいという気持ちはあるのですが、赤字になってはやっていくことができません。

高齢者施設で調理をしてくれないかというお話もあるそうですが、浅水さんは、できれば自分のお店を続けたいと考えています。

もし読者の方がお近くにいらっしゃることがあれば、ぜひ一度、浅水さんの作るおむすびと豚汁を味わっていただきたいと思います。

好きを活かして楽しみながら稼ぐ

自分のお店をもつことで自立した浅水さんに対して、逆に自分のお店をやめることで自由になった方もいます。

同じく札幌市に住む料理人の山田伸夫（やまだのぶお）さんです。

この方もらくらグループのコーポレイトサイトの画像モデルの一人です。

2020年現在、72歳の山田さんは、66歳まで「味の夜明け 木曽路」という日本料理のお店を、札幌市営地下鉄東西線の西28丁目駅の近くでやっていました。

若い頃に茶懐石料理店で修業した山田さんのお店ですから、メニューに値段の書いていない本格的な高級料理店で、札幌だけでなく全国にお客さまのいる人気店でしたが、元気なうちに自分の時間も楽しみたいとの思いから、65歳での閉店を決意したそうです。

お客さまから「もう少しだけやってもらえないか」と言われて、結局66歳まで続けることになりました。

木曽出身の文豪・島崎藤村の小説『夜明け前』の書き出し「木曾路はすべて山の中である」から店名をいただいたと語る山田さんは、文学だけでなく彫刻（カービング）や折り紙など趣味を多くもっていましたが、お店をやっていた頃は朝早く起きて仕込みを始めて、夜遅くまでお酒を提供するなど忙し過ぎて、自分の世界が狭まっていると感じていたそうです。

そこでお店をやめて自由に生きることにしたのですが、腕前の確かな山田さんを世間が放ってはおきません。

年末年始の繁忙期になると高級ホテルに応援を頼まれたり、高齢者施設から特別な一日のケータリングを依頼されたり、カルチャーセンターの料理教室の講師に呼ばれたりと、引く手あまたです。

それでも、お店をやっていた頃よりはずっと気持ち的に楽だそうです。

雨の日も風の日も休まずに毎日続けなければならないとか、人を雇ってお店を維持するために金勘定もしなければならないなどのプレッシャーから解放されて、好きな依頼だけを好きなように受ければいい生活になったからです。

精神的に余裕ができたことで、背越し鮎や伊勢海老など、旬の珍しい食材を提供する美食会なども企画できるようになりました。

山田さんが見つけた食材を自由に調理して提供するもので、会費は多少いただきますが、今では参加者を募集するたびに1～2時間で30人近くが集まって、すぐに締め切りになるほど人気の会になっています。

美食会は、お店とは違って協力者と企画して2カ月に1回程度、不定期に開催しているもので、「これを食べてもらったらお客さんの喜ぶ顔が見られるかな」という気持ちから、利益度外視のどんぶり勘定でやっているそうです。

弟子をもたない山田さんとしては、一般の人に、本物の料理や味を伝えたいという伝承的な意味合いもあり、自分の好きなものを好きなように食べてもらって、好きなだけ会話を楽しむことができる空間が、今の山田さんには心地良いとのことでした。

山田さんが自由に生きられるのは、手に職のある料理人だからです。人間は何歳になっても食べることからは逃れられないですから、仕事を選ばなければ料理人はいくつになっても働くことができます。仕事と思えばストレスもありますが、不定期にアルバイトのような感覚で働けば肩に力も入らず負担にもなりません。

楽しく働けているので笑顔も生まれますし、にこにこしているのでリピーターも増えているのではないかと山田さんは自己分析しています。

そもそも山田さんは好きなことがしたくて料理人になりました。

高校を卒業後、すぐに料理の道に入った山田さんは、京都本店、東京の茶懐石店、三重県伊勢志摩で修業して、1972年の札幌オリンピック開催時に、札幌のホテルが天皇陛下をはじめとする皇族の方々に料理を提供しなければならないからと出向で札幌に来て、そのまま気に入って住み着いたとのことです。

明治時代になってから開拓民が拓いた北海道は、京都や東京や名古屋と違って伝統が重くなくて、しきたりが軽いところが良かったそうです。

そんな山田さんですから、自分の子どもたちにも自由に生きることをすすめていて、2人の息子さんはそれぞれ東京と台湾で暮らしています。奥さまとも、家族みんなが健康で自由に暮らすことがいちばんだと話しているそうです。

山田さんは、年齢に関係なく、今がいちばん楽しいと感じています。歳を取ったことでしがらみに縛られることがなくなり、精神的にわずらわしいことはばっさりと割り切って捨てられるようになったことで、生きるのが楽になったと話してくれました。

そんな生き方を支えてくれるのが周囲の方々です。

「私は人間関係にすごく恵まれています。来る人拒まず、去る人追わずで、自分にできることをやっているだけですが、これやってくれませんか、あれやってくれませんかと依頼がたくさん来ます。困っている人は助けなくては、という気持ちで引き受けていますから、精神的な負担にはなりませんし、何もなくてもお茶を飲みに来ませんかと誘ってくださる方がいるのはたいへんありがたいですよ」

趣味×仕事で自分らしく生きる

らくらグループで副代表を務めてくれているのは65歳の赤堀保富（あかほりやすとみ）さんです。年齢でいえば私よりも10歳以上年上なのですが、今も若い頃と変わらず毎日精力的に仕事をしています。実は赤堀さんは、海外生活通算20年以上で、ヨーロッパだけではなく、アジアで営業統括、中東では現地法人社長まで務められたご経歴のある方です。

私と赤堀さんが初めて出会ったのは今から23年前のスイスでした。

当時、私は日系の大手証券会社からヘッドハントされて日系のメガバンクで働いており、赤堀さんは東京で同大手証券会社からヘッドハントされてメガバンクで働いていました。

その後、赤堀さんがスイスのチューリッヒ拠点に異動され一緒に働くようになって、いろいろご教示いただきながらも意気投合し、しばらくして、それぞれが勤めていた会社を辞めて独立し、スイスで2人でファンド会社を立ち上げました。いわば20年前からの戦友です。

といっても、最初から2人で起業する計画があったわけではありません。

赤堀さんはもともと独立志向が強く、50手前でそろそろ会社を辞めたいという意向があり、フリーランスで金融アドバイザーとして食べていこうとしていたようですが、いろいろな方々の後押しもありファンド会社を運営することになったのです。

その後、リーマンショックが起きる前年に、何か相場がおかしいと感じてファンドを解散し、赤堀さんはフリーランスに戻りました。やがて私は日本に戻って父の事業を継ぐことになり、その拡大に合わせて、経営の知識があって信用のできる取締役が必要となり、再び赤堀さんに声を掛けたのです。

当時、赤堀さんはすでに55歳を超えていましたし、愛着のある、肌に合った海外生活を捨てて、日本の小さな都市、北海道の札幌に来てくれるかどうかは分からなかったのですが、私の強引な勧誘が功を奏したのか、思いもよらずご快諾いただき、以降はグループの副代表として会社に貢献してくれています。

赤堀さんを形容する最も良い言葉は「自立」だと思います。

「自立」とは、「経済的な自立」、「家族からの自立」など、いろいろなシチュエーションがありますが、これから「定年」を迎える方にとって最も重要なのは「会社からの自立」ではないでしょうか。

真面目で献身的な日本人は、会社に対する滅私奉公のあまり、収入も人間関係も生きがいも楽しみも会社に依存していることが多いと思います。しかし、会社は「定年」になれば否応なく「解雇」を行うような、ある意味では非人間的な組織です。シニアにとって、会社は「居場所」になりません。大手企業に勤めながらも、早くから「独立」を考えていた赤堀さんは「自立」した生き方に敏感な人でした。

赤堀さんは自由に生きているからか、私も驚くほど年齢を感じさせません。いつぞやか、20代の職員とバドミントンに出掛けましたが、まったく見劣りすることなく3時間も体を動かしていました。

本人の言によれば、30年間以上も毎日のストレッチを欠かさずに続けているそうで、そのような努力とメンテナンスが若さを保ってくれているのでしょう。

体力だけでなく気力のほうも衰えがなく、60歳の古山さんが「自分よりも若い」と舌を巻くほど、次々と新しい施策を考えてくれています。

赤堀さんとは意見が分かれて議論になることもありますが、それでも最終的にいちばん仕事がしやすい尊敬できる相手だと感じています。その理由は、私も彼もスイスの金融業界で20年近く働いてきたという、共通のバックグラウンドがあるからでしょう。

スイスというのは、非常に「個」を大切にする国で、「共同体」を重要視する日本とは真逆なところがあります。もちろんスイス人も家族や地域といった共同体は大切にしていますし、日本もまったく個人を無視しているわけではありませんが、昔からの制度や文化には大きな差があります。

例えば、2020年の新型コロナウイルスの流行にあたって、日本では「緊急事態宣言」を発令しましたが、その中身は「外出自粛の要請」であって厳格な指示命令ではありませんでした。しかし、日本人はみんなが一律にマスクをして、外出を控えておとなしく「自粛」しました。たまに「要請」に従わず営業している店やマスクをしていない人がいると、SNSなどでさらされて、叩かれて制裁されました。自分たちで街の治安を守ろうとしていたのです。

一方、スイスをはじめとするヨーロッパは「自粛要請」では従わない人が大勢いるために「ロックダウン（都市封鎖）」を行いました。つまり法律を作成して強制的に店の営業を停止し、移動の自由を制限し、マスクを着用しない人間には罰則を与えたのです。

個人の意思や自由を大切にするスイスでは、「自粛」の「要請」などと生ぬるいことをいっていたのでは従ってもらえないからです。

そうしてロックダウンが解除された5月からは、あっという間にスイスの街並みは元通りになりました。マスクの着用は強く「推奨」されていましたが、「義務」ではないというのでほとんどの人がマスクをせず、ごくわずかな人しか街中でマスクをしていませんでした。当時の日本ではほぼ全員がマスクを着用して、マスクなしだとじろじろ見られたのと対照的です。

このような国民性から、スイスのシニアは自己主張も自立心も強く、子どもの世話になることも拒み、施設にもできるだけ入らず、最後まで自宅で過ごすことを望みます。動けなくなったらそのまま死を選ぶというくらいの覚悟をもっている人もいます。

日本の場合は、本当は自宅で過ごしたいけれど、家族に迷惑が掛かるからと、最後は施設に入ることを選ぶシニアが多いように思います。

私たちちらくらグループも施設を運営する立場ですから、いちがいに施設が悪いとは思いませんが、ご自身の意思が最優先されているのかどうかは気になるところです。

ここに挙げさせていただいた方々であれば、おそらく最後まで自宅で暮らすことを選ぶでしょう。

しかし、私はたとえ一人暮らしでも、社会問題として挙げられている「孤独死」や「老々介護」などの事態を避ける方法や環境をつくりたいと考えています。そして、入居者の方がまるで自宅で暮らしているかのように感じられる自立を意識した居心地のいい施設を開発するのが、私たち、らくらグループの使命と考えています。

社会に必要な仕事で貢献する

お金を稼ぐことにこだわらず、社会にとって必要な仕事を、自分のできる範囲で精いっぱいこなしていると感じられるのが、らくらグループで働いてくれている70歳の那須静江（なすしずえ）さんです。現在は介護事業部のシニアマネジャーと、有料老人ホームであるらくら砂川の施設長を兼任で務めてもらっています。

那須さんはもともと看護師でした。

大きな総合病院で副部長まで務めて、定年退職をしたのが60歳の時です。その後は、療養型の介護施設を併設した個人病院に看護師長として65歳まで勤めました。65歳で2度目の定年退職となり、当初は「もう働かなくてもいいだろう」としばらく自宅で過ごしていたのですが、たまたま彼女の友人が私の会社で働いていて、そこでらくらグループの話を聞いて興味をもち、私に会いに来てくれました。私の口から話すのは恥ずかしいので、本人の言葉を引用させていただきます。

「私は総合病院に長く勤めていて、そこでは看護をしていました。看護というのは命と直結するもので、そこでは命を救うという強い使命感をもって働いていたんです。

けれども、命が助かって退院された患者さんの、その後のことはよく分かりません。元気で暮らしていらっしゃるのか、病気が再発していないか、また、どのように老いていくのか、やがて自分がたどる道が気になるようになりました。

その後、介護施設を併設している個人病院に勤めることになったのですが、その介護施設は病院の延長という感じで、介護に対する思いがなかなか見えず、もやもやしました。その介護施設から病院に入院することになった方を見て、高齢者の医療・介護はもう少しやりようがあるのではないかという思いもありまして、退職後に友人から浅沼社長の話を聞いた時に、私と考え方や関心が似ていると感じて浅沼社長に興味をもちました。

その後、実際にお会いしたところ、人間的にもたいへんパワフルで魅力的な方で、お客さまを非常に大切にされていて、施設の利用者さんには今まで頑張ってきた人生をねぎらうケアをして、その後の人生も楽しく謳歌してもらいたいという熱いメッセージをうかがって、すごい人だな、この人のもとで働いてみたいなと思ったんです。

過去に働いていた病院では、看護には熱心でも、患者さんの人生とか生活に対しての思いをもつ人が少なかったので、もう年齢も年齢だったのですが浅沼社長からの誘いもあって働かせていただくことになりました」

看護から介護へと仕事の現場を変えた那須さんですが、介護では「命を救う」ではなく「生活を守る」ことが大切だと語ります。

らくらグループでは、お客さまがその人らしく生活をすることが大切だと考えています。ですから介護も、一律に同じことをするのではなく、お客さま一人ひとりのその人らしさにどれだけ寄り添えるかを重視しています。

分かりやすいのは誕生日です。誕生日はお客さま一人ひとりで異なるものなので、そういった個別の特別な日をどれだけスペシャルなものにしてあげられるかを那須さんは考えています。

この人にはこんなことをしてあげたいねとか、この人は車に乗せてドライブに連れて行ってあげるのがいいのではないかとか、そういった話し合いを、那須さんは職員と重ねています。

それが、病院では実現できなかった、那須さんの理想の介護です。

那須さんがこのような思いを抱くようになったのは、45歳の頃に大きな病気をして、そこから回復してのちの人生を生きているからではないでしょうか。

当時、那須さんの夫は、大きな病気にかかって精神的にも落ち込んだ奥さまのために、農園の余っている土地に彼女の大好きなひまわりを植えて、ひまわり畑を作ってくれたそうです。

那須さんが50歳の頃から、毎年新しく植えられているひまわりは、現在、3ヘクタールの土地に約20万本のひまわり畑となっており、砂川観光協会のウェブサイトのトップページに「那須ファームのひまわり畑」として掲載されるほど有名になっています。

ビジネスでやっているものではないので、ひまわり畑への入場は無料ですし、はさみを持参してくれれば、自由に摘み取って持って帰ることもできます。見頃は7月下旬から8月なので、お近くにお越しの際はぜひ、那須ファームの20万本のひまわりをご覧になっていってください。

現在、那須さんの夫は73歳で仕事を辞められましたが、今でも地域の方々のために貢献しています。那須さんも70歳になったので、施設長の職を後進に譲り、現在はらくらの参与としてらくらの介護事業部を強固なものにしようとさらに新たな目標をもって働いていただいています。

本当は70歳がいい節目かとも思ったようですが、私の強引さもあってか、また、那須さんの心に残っている小さな炎に火が付いたのか、信頼できるパートナーの一人として働いていただいています。

それでも、働き続ける力があるうちは社会とつながっていたいとの思いがあるそうです。その後は、できるのであればボランティアなどをしながら、夫婦で終活のような作業をして、娘が困らないようにしておいて、90歳を超えたらいけるところまで生きていく感じじゃないかなと教えてくれました。

那須さんが働くうえでいちばん大切にしているのは、お客さまも部下の職員も同じで、その人がその人らしくいられることです。

それが相手の尊厳を守るということで、その人がその人らしく働いたり生活できたりが最も大切だと語ってくれました。

そのために必要なのが、何か分からないことがあったら自分で判断せずにお客さまに聞くことです。お客さまに対して自分のやっていることが良かったのか悪かったのか、あるいはどこがどんなふうに良いのか悪いのかを、これまでもよく尋ねてきたそうです。その答えはお客さましかもっていないものなので、お客さまに教えていただかなければいつまでも分かることはできません。ですから、お客さまに聞くという姿勢が最も大事なのだそうです。

那須さんのお話を聞いていると、仕事に限らず生きていくための秘訣を教わっているような気分になってきます。このようなシニアの方がらくらグループで働いてくれていることをたいへん誇りに思います。

第五章

【お金編】100歳までお金に困らない生活をするために

60歳から始める老後の資金設計

これからの暮らしに必要なお金を考える

充実したシニアライフを送るためには、これまでとは違う視点でお金についても考える必要があると思います。

シニアになってから、どこでどのように暮らすかを考えるにあたって、欠かせないのがお金の話です。

お金があり余っているのなら、ヨーロッパで城を購入して贅沢三昧もできますし、無人島を買って毎日海で寝て暮らすこともできますが、実際にはそこまでのお金は持っていない人のほうが多いでしょう。

シニアになってから働き続けるかどうかを考えるにあたっても、お金が必要かどうかの要素によって、働き方は変わってきます。

お金の心配をする必要がないのであれば、ボランティアとして子ども食堂を開くことができますし、ある程度のお金を継続して稼ぎたいのであれば大企業の仕事を見つけたほうがいいかもしれません。

逆にいえば、働き続けたり、お金の掛からない暮らしをしたりするのであれば、貯金がなくても大丈夫です。

生活に必要なお金はそれぞれのライフスタイルによって異なるので、政府が一時誤って広報したように、誰でも一律に「老後の暮らしに2000万円の資産が必要」などということはありません。

例えば、年収200万円で暮らしている人と、年収1200万円で暮らしている人がいるように、必要なお金は人によって異なります。

最低限必要な金額はあるとは思いますが、それもまた住む場所や誰と暮らすかによって異なります。

一般的に、東京都などの都心は家賃も食費も高く、田舎に行けば行くほど安くなります。また、一人暮らしよりも夫婦など二人で暮らしたほうが、食費や光熱費などの効率が良くなり、1人当たりに掛かる金額は少なくなります。

日本では夫婦二人が受給できる生活保護の金額がおよそ15万円ですから、そのくらいの手取りがあれば、最低限度の健康で文化的な暮らしは可能となります。

一方、まだ扶養している子どもがいるとか、お金の掛かるペットを飼育しているとか、都心のタワーマンションを離れたくないとか、シニアになったら海外を旅して回るのが夢だったとか、人によっていろいろな事情があってプラスアルファのお金が必要になります。それを無視して「老後のお金はこれだけ必要」といった一般論に振り回される必要はありません。

経済評論家で証券会社研究員でもある山崎元（やまざきはじめ）さんは、著書で「世の中に蔓延する『老後生活の不安』を、金融業界がビジネスに利用している」「不安を駆り立て、有利とはいえない金融商品を購入させようとしています」と警告しています。

お金のことでは誰もが不安になってしまうものですが、漠然とした不安で大切な資金をリスクにさらさないように、しっかりと現実的な数値でリスクとリターンを考えるべきです。

100歳までの生活を想定して資金計算する

実際にどれだけのお金が必要なものか考えてみましょう。

お金の計算は、収入と支出で分かります。

みなさんが現在どれだけのお金を使っているのかは、家計簿をつけている人であれば一目瞭然ですし、そうでない人でもなんとなく感覚としてはつかんでいるはずです。

ただし、感覚としての数値と、リアルな数値とは異なっていることも多いので、できれば1カ月だけでもいいので家計簿をつけてみましょう。

たいていの方の支出は、次のような分類で計算することができます。

・住居費（家賃、持ち家であれば固定資産税、修繕費、管理費など）
・水道・光熱費（水道代、電気代、ガス代）
・通信費（固定電話料金、携帯電話料金、インターネット接続料金など）
・年金保険費（年金や健康保険、介護保険、生命保険などの納付。60歳以上でもあります）
・食費（季節や時期による変動が大きいですがゼロにはなりません）
・家事関連費（冷蔵庫や洗濯機、掃除機など家事に必要な費用です）
・医療費（個人差が大きく、毎月の固定費になっている人とゼロの人がいます）
・交際・交通費（外出など行動することで掛かるお金です）

消費支出のなかで大きな割合を占める支出・上位10項目

	全体	男性					女性				
		60～64歳	65～69歳	70～74歳	75～79歳	80歳以上	60～64歳	65～69歳	70～74歳	75～79歳	80歳以上
食費	59.4	53.5	61.2	66.8	60.6	61.1	64.1	57.7	57.1	58.0	53.0
水道光熱費	33.1	29.1	33.3	35.7	34.7	33.7	38.2	31.7	29.1	36.2	30.3
保健・医療関係	33.1	20.5	30.6	39.7	34.7	42.3	30.5	32.7	31.0	26.4	37.8
交通費・自動車維持費等	25.7	35.4	26.2	30.7	28.8	22.3	30.5	26.4	28.1	17.2	14.6
趣味やレジャー	19.1	25.2	16.9	24.6	24.7	12.0	24.4	20.2	19.7	15.5	10.3
子や孫のための支出（学費含む）	18.6	13.4	14.2	18.6	20.0	17.1	27.5	27.9	19.2	18.4	9.2
生命保険や損害保険など	17.0	23.6	20.2	14.6	15.3	8.0	28.2	24.5	18.2	13.8	7.0
通信・放送受信	12.6	22.8	16.4	14.1	12.4	9.1	19.1	13.0	14.8	6.3	2.7
友人等との交際費	12.1	11.8	12.6	12.1	10.6	11.4	13.0	11.5	10.3	12.1	16.2
家賃、住宅ローン等	10.5	29.9	19.1	9.5	6.5	4.6	14.5	10.1	5.4	6.3	5.9

（%）

出典：内閣府『令和２年版　高齢社会白書』2020

・教養・娯楽費（自分の楽しみのためのお金で、被服費や書籍代、ペットの費用を含みます）
・教育費（子どもの教育など子育てに掛かるお金で、シニアになればゼロになります）
・その他（祝儀不祝儀などイベントごとに掛かるお金と、その他の雑費です）
・債務（住宅ローンの返済などの借金です）

これらの支出が、毎月の収入の範囲内に収まっていれば、理論的には貯金がなくても問題はありません。

政府統計によれば、シニアの支出の6割は食費です。つまり、毎月の食費支出の2倍程度の収入があれば十分と考えることもできます。

とはいえ、自然災害で家が壊れるなど突発的にお金が必要になることもあるので、いざという時のために一定の貯金があるに越したことはないでしょう。

では、収入はどうなっているでしょうか。

働いている方はもちろんそれぞれの収入を把握しているでしょうし、そうでない方でも65歳からは年金を受給することができます。

そして、ご存じかと思いますが、この年金は毎月の受給金額を少なくして60歳から受け取ることもできますし（繰り上げ受給）、逆に70歳から受け取ることにして受給金額を増やすこともできます（繰り下げ受給）。ライフスタイルに合わせて割と柔軟な運用ができるのが日本の年金制度です。

受給できる年金の金額は、毎年、誕生月に届く「ねんきん定期便」で知ることができます。おおまかにいえば自営業や専業主婦など国民年金のみの方は毎月約5万6000円、会社に所属して厚生年金に加入していた方は毎月約14万5000円を受給することができます。これは平均受給額であり、人によってはもっと多くなったり少なくなったりします。

年金は何歳まで生きても変わらずに同じ金額をもらうことができる、優れた制度です。物価のインフレやデフレがあるかもしれませんが、シニアの生活は年金を基盤として考えるとよいでしょう。

もちろん、働いている方は年金にプラスして収入が増えます。

シニアが働くと年金が減るという話もまことしやかにいわれていますが、それは月収47万円を超えた場合だけのことであり、多くの方には関係ないと思います。

（シニアでも月収47万円以上になる幸運な方は、金融機関や税理士さんが放っておかないでしょうから、ここでわざわざ対処方法を述べる必要はないでしょう。）

収入と支出だけがお金のすべてではありません。

たいていの方は、シニアになるまでに預金とか不動産とか有価証券とか、あるいは人脈とか信用とか、何らかの資産を貯めてきています。

コネや信用のような無形資産はただちにお金に換算することができませんが、マンションのような不動産や株式のような有価証券は、必要になれば現金に換えて使うこともできます。

もちろん、定年前の方は退職金もあてにすることができるでしょう。

そこで、より正確に計算するのであれば、保有している資産を、今売却した時の価格で現金に換算して、それを生活費に加えることができます。

もちろん、先祖代々の家をそのまま子どもに譲渡したいなど、売却できない資産は計算に含めないでください。ここで換算してよいのは、あくまでも、いざとなったら売却できる資産だけです。

換金可能な資産の時価評価額が分かったところで、そこから住宅ローンなどの債務（借金）をマイナスして、残った金額が生活に充当できる資産額です。

そして、仮に100歳まで生きるとして、100歳から今のみなさんの年齢を引けば、残りの人生の年数が分かります。

資産額を残りの年数で割ることで、1年あたりに使える金額がだいぶ増えることと思います。

簡素な計算ではありますが、これが、みなさんが1年に支出可能な主な金額です。

医療費への備えはどのくらい必要か

100歳までの収入と支出がおおまかに分かったところで、不安がまったく解消されるというわけではないかもしれません。

「もし大病をわずらって急に治療費が必要になったらどうしよう」とか、人間はいくらでも不安を感じることができる生き物だからです。

ですから「資産には手を付けず、貯金は取り崩さずに、年金などの収入だけで暮らそう」などと考えている人は意外と多くいます。

死後にお金は持っていけないのですから、資産は生きているうちに使いきってしまってもいいようなものですが、貯金を取り崩す＝資産が減少する＝不安になる、という方が多く、なかなかそこまでは割り切って考えられないものです。

特に、子どもや孫などがいる場合は「遺族に財産を残すことができる」と考えられますから、無闇に使わなくてもよいという考えに傾きがちです。

もちろん、それはそれで立派な考えですが、具体的に試算をせずにただ「貯金は取り崩せない」などと考えているばかりでは、不安は減りません。

私は仕事柄、中小企業経営者など、資産家の方と接する機会が多いのですが、1億円の資産を持っている方も、1000万円の資産を持っている方も、まったく同じように不安を語るので、不思議な気分になります。

子孫のことを考えた時に、残せる財産は多ければ多いほどいいと思う気持ちはよく分かりますし、永続的に繁栄する企業は数少ないので心配は絶えないかと思いますが、それはそれとして、自分自身が現世で不安から解消されて安らかに暮らすためには、具体的にいくら必要で、それが十分であることを確認できるのであればそれに越したことはありません。

まず、みなさんの不安の正体を、具体的に考えてみましょう。

多くの人は、歳を取ることで体にがたがきて医療費が増加することを心配しています。そのために医療保険に加入して、いざという場合の出費に備えている人が多いでしょう。ところで、実際に大病にかかった場合、どの程度の医療費が掛かるものか計算したことはおありでしょうか。

日本は国民が皆、保険制度があって、すべての国民が何らかの公的医療保険に加入することになっています。

そのため、通常の医療費でも、私たちは実際に掛かった費用の3割しか負担しなくていいことになっています。みなさんが支払ってきた医療費は、実は本来掛かる費用の3分の1以下でしかないのです。

これは日本では常識のようですが、海外ではそうではなく、日本の医療保険は世界でもかなり恵まれた制度です。

アメリカなどはバラク・オバマ大統領がオバマケア（医療保険制度改革法）を制定して

全国民に医療保険加入を義務付けるまで、無保険の人がかなり多く、風邪をひいて医者に診てもらうだけで数万円が掛かるなど、高額な医療費負担が問題になっていました。

私の暮らしていたスイスでも医療費は非常に高額で、その理由は医療保険会社がすべて民営化されているからです。

スイスでは全国民が医療保険への加入が義務付けられていて、自分で選択した民間の医療保険会社に月々の保険料を支払わねばなりませんが、民間の会社は収支に厳しいため、その保険料の値上がりが問題になっています。

適用範囲の広い良い医療保険に加入すると、毎月の支出が10万円を超えることもあり、平均でも5万円となっています。民間会社なので、低所得者も高所得者も同じ金額の保険料を支払わねばならず、政府の補助があるとはいえ日本がうらやましく感じられることもありました。

マクドナルドでビッグマック®セットを頼むと1500円、スターバックスでトールラテを頼むと900円掛かるなど、スイスの物価が世界一高いことはよく知られていますが、物価が高いということは税金も保険料も医療費も高くなるわけで、給料も高いとはいえ、日本の物価を知っていると、ついつい財布のひもが固くなってしまいます。

このように世界的にも優れた日本の医療保険制度では、70歳以上になると自己負担が2割となり、75歳以上になると1割に下がるなど、シニアは優遇されています。いずれも所得制限はあるものの、医療機関に通うことが多くなると考えられるシニアに対しては、医療費の負担が大きくならないように考えられているのです。

さらに、もしも大病にかかってしまって高額な医療費が掛かってしまった場合には、一定金額以上は健康保険が負担してくれる高額療養費制度もあります。

簡単にいえば、どんなに医療費が掛かっても、自己負担額の上限は毎月8万円程度になります。

これは、所得によって負担金額が異なってくるので、年収が600万円を超える高所得者は自己負担額の上限がおよそ16万円になりますが、通常は70歳以上のシニアの場合は自己負担額の上限が外来の場合で、毎月およそ1万8000円でしかありません。入院した場合でも、その負担上限は世帯単位で毎月5万7600円です。低所得者に該当すれば、その金額はさらに低くなります。

どんなに医療費の自己負担額が安くなっても、それが長期になれば合計では大変な金額になると思うかもしれませんが、長期高額疾病の場合はさらに負担軽減の制度があり、医療費が補助されます。

つまり、公的な健康保険に加入している限り、何百万円もの医療費の支払いに悩まされることはなくなります。

いわゆる民間の医療保険は、毎月の保険金額に応じて、入院や手術の場合に何百万円かの保険金の支払いを受けることができますが、それが本当に必要なのかどうか疑問になるレベルで、日本の健康保険制度は充実しています。

介護が必要になった場合の費用

怪我や病気と一緒に、シニアの心配事となっているのが「介護」です。

自分が誰かに対して行う「介護」ではなく、自分が「介護」してもらうケースが不安の種となっています。

そもそも、健康で自立して自由に生きてきた私たちは、介護を受けること、つまり日常生活で誰かのお世話になることに慣れていません。

お風呂やトイレといった日常生活はプライバシーに関わることでもあり、誰かに介助してもらうことを想像しただけでも抵抗を感じるでしょう。

乙武洋匡さんなど、四肢の不自由な障害者の方にとっては、プライベートな場であっても身体介助は日常茶飯事なのですが、そういった想像力もあまり使わずに生きてこられたのが健康な体をもつ私たちです。

シニアの方に「介護」のイメージを聞くと、どうしても「申し訳ない」という気持ちが出てくるようです。「このようなわたくしごとで他人さまにご迷惑をお掛けするのが申し訳ない」という意味だと思います。

その気持ちはたいへんよく理解できますが、それではみなさんが「介護」を拒否するとどうなるのかといえば、おそらく介護業界で働く200万人の介護職員の方が仕事を失って、生活に困ってしまいます。

介護を提供している側も仕事として報酬を受け取っているので、「申し訳ない」という気持ちは理解できますが、お金の受け渡しが発生しているという意識をもって、お互いに心地良い関係をつくれればよいと思います。

とはいえ「介護」を受ける側には、「お金を支払っている」という感覚が薄い方が時折見受けられます。

それはおそらく、やはりかなり頑張っている日本の介護保険制度のおかげで、利用者の負担額が、実際に掛かる金額の1割に抑えられているからでしょう。

「介護」を受ける側は、その仕事の内容に対して自分たちが負担している金額が低いことを申し訳なく感じていますし、「介護」を提供する側も、結局、収入のほとんどは介護保険制度からのものなので、どうしてもサービスの内容について介護保険制度のほうを向きがちです。

しかし、実際に「介護」を受けたり提供したりするのは、その場にいる人間同士なので、お互いへの気遣いや思いやりを忘れずにいたいものです。

さて、シニアにとって「介護」が「医療」よりも大きな問題になりがちなのは、それが一度始まったら長期的に続くもので、大きな費用になりがちだからです。

必要な時だけ、必要な治療を施して、回復したらそれで終了の「医療」とは異なり、「介護」は日常生活のサポートですから、生きている限りずっと続けられるサービスです。

身体機能が低下した場合の住宅

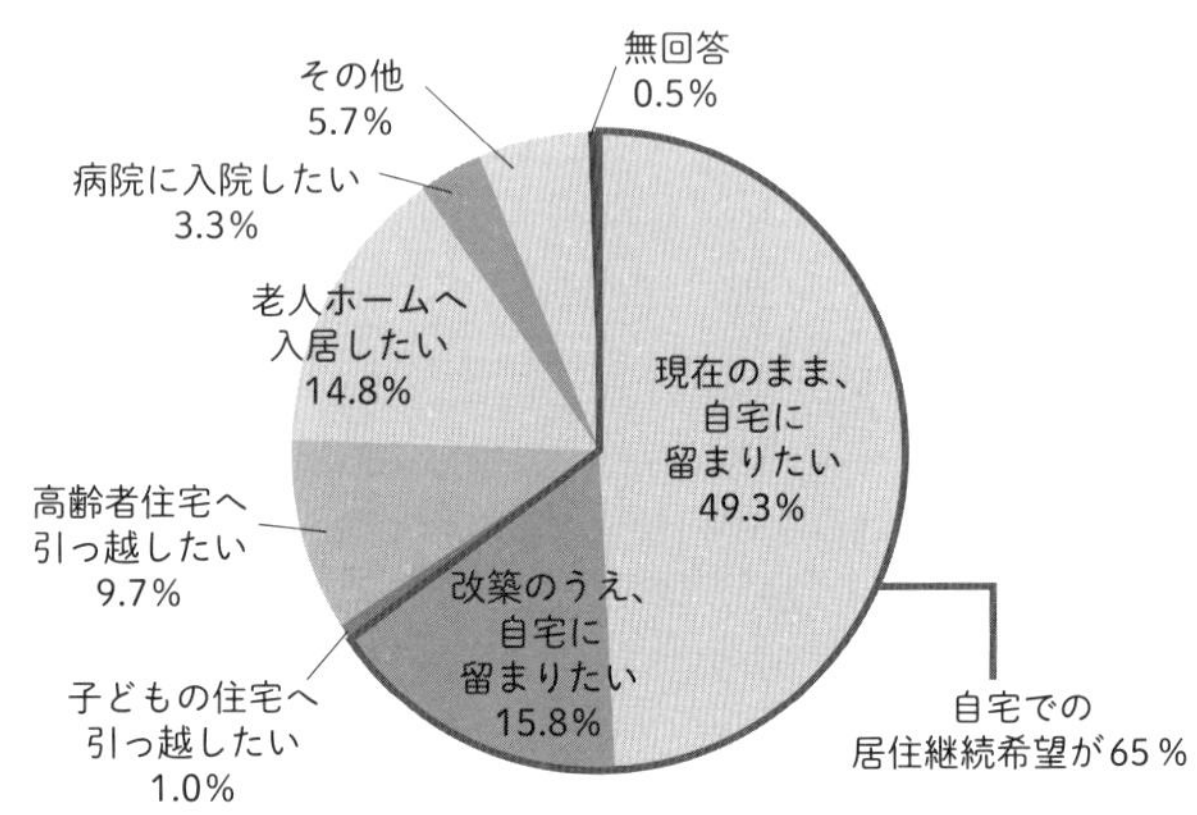

出典：内閣府「第８階高齢者の生活と意識に関する国際比較調査表（平成27年度）

また、日常生活を送る場として住宅環境も整える必要があり、転居やリフォームが必要になればさらに費用が掛かってしまいます。

つまり「介護」とは、その度合いにもよりますが、住む場所から食べるものまで生活全体の変化を伴うような大きな転機になるのです。

多くの健康なシニアの方は、自分が「介護」が必要になった場合にどうするかをとことまかく想定していませんが、それも当然といえば当然で、あまりにも変化が大きくなるために想像力がなかなか働かないのです。

では「介護業界」の実際のところはどう

なっているのかといえば、「要介護度」が低いうちはヘルパーによる「訪問介護」や、施設からの送迎がある「デイサービス」を活用して、「要介護度」が高くなった場合は身の安全などを考慮して「介護施設」に入居するというのが一般的なところかと思います。

この「介護施設」も、制度の変更や新設に伴って種類がたいへん多く、利用者の混乱のもとになっています。

おおざっぱにいえば、どの施設も提供している「介護」は似ているのですが、利用者の好みやこだわりも千差万別で、そのために人によって「合う施設」と「合わない施設」が出てきます。

また、日本では身体機能が低下した場合でも「自宅に留まりたい」と希望する方が多く、いわば食わず嫌いの方がいらっしゃることが「施設」に対する誤解を生んでいます。

そうはいっても、それぞれの家庭で、人手も時間も費用も限られているなか、介護の必要な方に少しでも快適な生活を送っていただけるようにつくられているのが、いわゆる「介護施設」です。

ここでは制度上で分類されている施設について、簡単に説明しておきます。

主に介護状態によって利用できる施設は異なってきます。

●介護付き有料老人ホーム

人員・設備・運営の基準を満たし、行政のお墨付きをもらった施設です。読んで字のごとく、介護付きですから、食事や清掃などの生活上のサービス以外に身体介護から、リハビリ、サークル活動、レクリエーションなど、施設のスタッフによる幅広いサービスが受けられ、介護保険制度上の「特定施設入居者生活介護」の指定を都道府県から受けている高齢者施設です。

●住宅型有料老人ホーム

主に要介護者や、自立（介護認定なし）・要支援状態で日常生活は自立している高齢者向けの施設です。高齢者が暮らす場所といえば、昔はお金持ちが引退して熱海や伊豆などリゾート地にある有料老人ホームで優雅に暮らすというイメージでした。確かに以前は高額な入居一時金が必要で月額の費用も高く、限られた人たちの施設というイメージでしたが、最近では超高級なものから、入居一時金が不要なものや、家賃の敷金礼金程度という

介護施設の種類

施設の種類	自立	要支援	要介護	看取り	月額費用の目安
介護付き 有料老人ホーム	△	△	○	△ 注	約10～30万円
住宅型 有料老人ホーム	○	○	○	△ 注	約10～30万円
サービス付き 高齢者向け住宅 （サ高住・サ付き）	○	○	○	△ 注	約10～30万円
グループホーム	×	○	○	△	約8～30万円
軽費老人ホーム	○	○	○	×	約6～17万円
ケアハウス （軽費老人ホームC型）	○	○	○	△	約3～10万円
小規模多機能型 居宅介護	○	○	○	△ 注	4,000円～ 15万円
特別養護 老人ホーム（特養）	×	×	○	○	約5～15万円
介護老人 保健施設（老健）	×	×	○	×	約8～15万円
介護療養型 医療施設（療養病床）	×	×	○	×	約8～15万円

○受け入れ可能　△要相談　×受け入れ不可　注）施設によって特徴が異なる

入居しやすいものまで、バリエーションが増えています。レクリエーションや文化サロンなどがあり、ホテルに近いイメージでしょうか。生活援助や緊急時の対応はありますが、介護や看護が必要な場合は、訪問介護・看護やデイサービスなどの外部サービスを利用しながら生活します。主に民間事業者によって運営されています。

●サービス付き高齢者向け住宅

バリアフリー対応の住宅で、主に自立（介護認定なし）あるいは軽度の要介護状態の高齢者向けに設定されています。生活相談員が常駐し、入居者の安否確認やさまざまな生活支援サービスを受けることができます。最近ではこの施設に付帯施設を設置して、ナーシングホームとして医療処置が必要な人向けのホームや訪問介護と合わせて、介護が必要な人に対応しているなどバリエーションが増えています。

●グループホーム

認知症の高齢者が少人数で共同生活を送りながら、専門スタッフによる身体介護と機能訓練、レクリエーションなどが受けられる施設です。認知症があっても体は元気で日常生活は自立できる人が主な対象になります。専門スタッフの目が行き届くため、家族の心配の種となる事故や徘徊、金銭トラブルなどを回避でき、日常生活を安心して過ごすことができる施設です。

●軽費老人ホーム

低所得者や生活困窮者向けに設定された施設です。比較的少ない費用負担で利用できる福祉施設で、主に自立あるいは要支援の高齢者を受け入れています。見守りと食事の提供を行う「A型」と、見守りのみの「B型」があります。

●ケアハウス（軽費老人ホームC型）

60歳以上の高齢者が、食事や洗濯などの介護サービスを受けられる施設で、軽費老人ホームC型とも呼ばれます。助成制度が利用できるため、低所得者の費用負担が比較的軽い施設です。

施設別料金シミュレーション　らくらグループの1例

【介護付き有料老人ホーム】

■要介護度1の方が利用する場合
入居一時金：0円
月額費用：15～35万円が相場

1カ月の支出			
月額費用	居住費	73,346円	家賃・管理費
	食費	48,600円	30日として計算
	介護サービス費	18,256円	要介護2なら20,429円 要介護5なら27,078円
その他生活費	医療費・薬代	5,000円	訪問診療3,000円＋薬代2,000円
	消耗品代・洗濯代	3,800円	おむつ代＋消耗品＋洗濯代
	シーツレンタル	836円	週1回、4週での計算
	アクティビティ代	2,000円	買い物・理美容・嗜好品など
合計		151,838円	

施設への平均入居年数：7年　　※10月～5月は別途冬期暖房費あり
〈必要資金の計算式〉
151,838円×12カ月×入居年数

【住宅型有料老人ホーム】

■一般型、外部介護サービスを要介護度2の方が利用する場合
初期費用：敷金として18万円
月額費用：家賃と管理費で5～25万円が相場

1カ月の支出			
月額費用	居住費	84,000円	家賃・管理費・生活サポート費
	食費	45,000円	30日として計算
	介護サービス費	19,000円	要介護5なら約36,000円
その他生活費	医療費・薬代	9,000円	往診付き2,500円程度＋薬代5,000円 ＋居宅療養管理指導1,500円
	消耗品代	10,000円	おむつ代＋消耗品
	アクティビティ代	2,000円	買い物・理美容・嗜好品など
合計		169,000円	

施設への平均入居年数：7年　　※10月～5月は別途冬期暖房費あり
〈必要資金の計算式〉
169,000円×12カ月×入居年数

●小規模多機能型居宅介護

施設介護ではなく、住み慣れた家での生活継続を目的に設定されたサービスです。要介護者の様態や希望に応じて、「通い（デイサービス）」を中心として、随時「訪問（訪問介護）」や「泊まり（ショートステイ）」を組み合わせた3つのサービスを提供する在宅介護サービスです。これらのサービスを同じスタッフが対応するため、連続性のあるケアを利用できる利点があります。

特にショートステイは介護疲れする家族の休息にも役立ちます。

●特別養護老人ホーム

寝たきり状態など要介護度3以上の人を対象とした施設です、介護保険でほとんどの費用が補われるため、少ない費用負担で長期入所できる施設です。最近ではホテル並みの施設とサービスを備えたところもあり、別途費用が掛かるため、民間の介護付き有料老人ホームと費用に差がないところもあります。

社会福祉法人や地方自治体などにより運営される公的な介護施設で、特養とも呼ばれます。

●介護老人保健施設

比較的少ない費用負担で医療管理下での看護や介護、回復期のリハビリが受けられます。怪我や病気で入院した人が自宅の生活に戻るためのリハビリ施設と位置付けられているため、本来は3カ月が目途となっていますが施設側と相談し、長期入所することも可能です。医療法人が運営する公的な施設です。

●介護療養型医療施設

比較的医療処置の必要な重度の要介護者に対し、充実した医療処置とリハビリを提供する施設です。病院と同じようなイメージです。主に医療法人が運営する施設で、多床室もあることから比較的安価です。

気になるのは費用ですが、公的施設も介護付きの有料老人ホームのような施設でも介護認定が下りれば、介護保険が適応されるので費用負担は軽減されます。

このように国の制度上はさまざまですが、ある程度の施設設備が充実し、生活の場として満足できる施設となると、費用は近接しているのが現状です。

施設別料金シミュレーション　らくらグループの1例

【サービス付き高齢者向け住宅】

■一般型、外部介護サービスを要介護度2の方が利用する場合
初期費用：0円
月額費用：家賃と管理費・介護保険料で5～25万円が相場

1カ月の支出			
月額費用	居住費	95,000円	家賃・管理費・生活サポート費
	食費	45,000円	30日として計算
	介護サービス費	19,000円	要介護5なら36,000円
その他生活費	医療費・薬代	10,000円	訪問診療2,500円程度＋薬代5～7,000円
	消耗品代・洗濯代	13,500円	おむつ代＋消耗品＋洗濯代
	アクティビティ代	5,000円	買い物・理美容・嗜好品など
合計		187,500円	

施設への平均入居年数：7年　※10月～5月は別途冬期暖房費あり
〈必要資金の計算式〉
187,500円×12カ月×入居年数

【グループホーム】

■要介護度2の方が利用する場合
初期費用、入居一時金：0円
月額費用：15～20万円程度が相場

1カ月の支出（30日算出）			
月額費用	居住費	61,650円	家賃・管理費
	食費	40,800円	30日として計算
	介護サービス費	27,600円	要介護5なら29,500円
その他生活費	医療費・薬代	9,000円	往診料2,500円＋薬代5,000円 ＋居宅療養管理指導1,500円
	消耗品代	8,000円	おむつ代＋消耗品
	アクティビティ代	3,000円	買い物・理美容・嗜好品など
合計		150,050円	

施設への平均入居年数：7年　※10月～5月は別途冬期暖房費あり
〈必要資金の計算式〉
150,050円×12カ月×入居年数

費用の次にみなさんが気にするのが「立地」です。

当然、家族が気軽に行ける距離の施設がいいのですが、ほかの2つの条件との兼ね合いでなかなか希望通りの場所には見つからないことも多いです。

ですから、必要になってから施設選びを始めても、良い条件のところを見つけるのは難しいでしょう。

思い立ったが吉日で、元気なうちにあらかじめ探しておき施設の雰囲気や生活スケジュールなどもチェックし、自分が暮らす場所としてしっくりくるところを検討しておくとよいかと思います。

遺産をどのように活用してもらうか

私たちは、他者の庇護を受けなければ生きていけない状態で生まれて、最後もやはり他者の介助を受けながら亡くなっていく存在です。

どんなに頑張ってもやがては死を迎えるという運命に対して、古今東西の哲学者が、生きる意味を探して、思索を繰り返してきました。

現在のところ、人間が死すべき運命に対抗し得るのは、個人ではなく共同体の存続に貢献することのようです。第一章で紹介したRBGこと、87歳の連邦最高判事ルース・ベイダー・ギンズバーグさんは、次のような言葉を残しています。

「自分より不運な人生を送っている人の人生を少しでも良くするよう働き掛ける。これが、私が考える意義のある人生です。一つの人生はそれだけで終わらず、共同体のなかでの人生でもあるのです。」

そこで私たちは仕事で社会に貢献したり、子どもをつくり共同体を拡大したりします。夫にも子どもにも恵まれたルース・ベイダー・ギンズバーグさんも、差別されている女性や有色人種やマイノリティのために戦いました。

こうして世の中に残された私たちの足跡は「遺産」と呼ばれます。「遺産」のなかには目に見えないものも数多くありますが、預金や不動産といった形で貯め込まれたものもあります。いわゆる「資産」です。

人によってはたいへん面倒なことですが、私たちはこの世を去る前に、この「遺産」をどのようにするかを決めておかねばなりません。そうしないと、しばしば不必要な親族間での軋轢や摩擦を生んでしまうからです。

さらにいえば、みなさんが人生を通して稼いできた「財産」をどのように処分するかの意思決定は、最後に残された自由な権利です。実際にその権利を行使するかどうかはおいておいても、どのような仕組みになっているかを知っておいてもいいとは思いませんか。

遺産相続にあたって、まっさきに気にするべきは相続税です。

2020年現在、相続税を納付しなければならないのは、およそ4000～5000万円以上の遺産がある方が亡くなった場合です。逆にいえば、遺産のうち4000～5000万円程度は控除されるので、相続税の対象にはなりません。この金額は、法定相続人の数が多ければ多いほど増額されます。つまり、法定相続人が多ければ、相続税は減少します。法定相続人とは、主に配偶者と子どもをさします。子どもが3人いる父親が亡くなった場合、その奥さんと子ども3人の4人が法定相続人となります。この法定相続人の数×600万円＋3000万円が基礎控除となるので、この場合の控除額は4×600万円＋

3000万円＝5400万円となります。つまり、5400万円までは相続税の対象にはなりません。

ちなみに、法定相続人は相続の時点で生きている必要があります。もし配偶者が先に亡くなっていた場合は、法定相続人の数が1人減ります。

配偶者も子どももいなかった場合は法定相続人の数がゼロ人になってしまいますが、その場合でも救済措置があります。

もし、子どもが先に亡くなっていても、孫がいる場合は、孫が代襲相続人として認められます。

故人に子どもが3人いてそのうちの1人が亡くなっていても、その故人に孫がいる場合は、その孫を法定相続人として数えることができます。

もし、配偶者も子どもも孫もいなかったとしても、その場合は、両親が法定相続人として認められます。

もし両親もすでに他界している場合は、兄弟が法定相続人になります。このように甥や姪までの親族が1人でも生き残っている場合は、その人が法定相続人となります。たとえほとんど会ったことがなかったとしても、です。

さて、遺産の総額から基礎控除をマイナスして、残った分が相続税の対象となります。税率は累進課税で、1000万円までは10%、3000万円までは15%、5000万円までは20%、1億円までは30%、2億円までは40%……と続き、6億円を超えた場合の55%が最高税率です。

なお、累進課税の場合は例えば、3000万円の15%である450万円がそのまま税額になるわけではありません。

対象が3000万円の場合は、1000万円×10%+(3000万-1000万)×15%=400万円が税額になります。

バブル景気の頃は、先祖代々の家が都内の一等地にあるけれども、現在の家長は平均的な年収であるといった方が、相続した土地と家の評価額が高額過ぎたために、相続税を支払うために売却しなければならなかったというケースがよくありました。

現在は土地の値段は以前より落ちついていますが、相続人が多くて遺産が分割されてしまった時に、分割できない土地や家が結局は売却されてしまうというケースが散見されま

【平成27年1月1日以後の場合】相続税の速算表

法定相続分に応ずる取得金額	税率	控除額
1,000万円以下	10%	―
3,000万円以下	15%	50万円
5,000万円以下	20%	200万円
1億円以下	30%	700万円
2億円以下	40%	1,700万円
3億円以下	45%	2,700万円
6億円以下	50%	4,200万円
6億円超	55%	7,200万円

出典：国税庁「相続税のあらまし」

す。街中の古い家が取り壊されて、2軒や3軒の建売住宅に変貌する姿をよく見ますが、あれはたいてい遺産相続にからんで土地が不動産会社に売却されたために起きています。

そこで、小規模の宅地の場合には配偶者がそのまま自宅に住み続けられるような特例制度が設けられています。なので、遺産相続にあたって転居などの必要はあまりなくなりました。

逆に、相続人がすでに自分の家などを所有していて、住む人のいない家ができてしまう場合のほうが問題です。

たとえ相続したとしても不動産は立地が良くなければなかなか売れませんし、持っている間は固定資産税などを毎年支払わなければなりません。そのうえ放置して「特定空き家」に指定されると、固定資産税が最大で4倍になってしまうリスクもあります。「不動産」は「負動産」などといわれるように、売却できず分割できず活用できない不動産は、相続人にとってリスキーなものになります。

現金や預金の遺産相続は喜ばれますが、不動産はあらかじめ活用方法を考えておいたほうがいいかもしれません。

このようにいろいろと悩ましい遺産相続ですが、最も悩ましいのは誰に何をどれだけ相続してもらうかです。一般的には、相続した遺産の分割は相続人全員の話し合いで決定されます。

しかし、話し合いが紛糾することもありますから、あらかじめ遺書を書いて遺産の分割方法を決めておくことができます。

例えば、アメリカの大富豪であるフェイスブック社CEOマーク・ザッカーバーグ夫妻は、財産は自分たちの血を分けた娘ではなく慈善活動に寄付すると発表しています。彼らの財産は手に余るほど莫大ですし、「私たちには、次の世代のすべての子どもたちに対する道義的責任があるからだ」とのことです。

また、現在は世界一の慈善活動家として知られるマイクロソフト創業者ビル・ゲイツ夫妻も、3人の子どもたちよりも慈善財団に多くの遺産を相続すると決めています。「子どもたちに大金を残すのは、彼らのためにならない」からだそうです。

ビル・ゲイツの親友である投資の神さまウォーレン・バフェットも、自身の3人の子どもたちに相続させるよりも多くの財産を、ビル・ゲイツの慈善財団に寄付することを明言しています。


これらは世界に名だたる大金持ちの話ですが、市井の個人でも、相続人がいなかったり関係が悪かったりする場合に、遺産を団体に寄付することを選ぶ人が少なくありません。

なお、あまりにも恣意(しい)的に相続財産を分割すると訴訟沙汰にもなるため、法定相続分として一定の基準が決められています。

法定相続分とは、法律によって示された遺産相続の基準で、例えば、配偶者と子どもがいる場合は、配偶者に2分の1、残りを子どもが均等分割などと定められています。

兄弟やその子ども以外の法定相続人は、たとえ遺言書によって遺産相続から外されたとしても、最低限の遺産相続を遺留分として請求できるので、そのような争いが起きないように、もし遺言書を作成する場合は、全員に配慮したものにするよう注意しましょう。

また、認知症などを発症すると、財産管理能力を喪失したとされて、以降は遺言書などを作成しても無効になってしまいます。そのため遺言書を作成するのであれば元気なうちに行っておきましょう。

もしくは、自分が財産管理能力を喪失した場合の成年後見人をあらかじめ選んでおくことをおすすめします。成年後見人は、対象者の預貯金や不動産などの財産管理のほか、介護などのサービスの利用契約を締結することができます。

第六章

人生１００年時代
自由で豊かな暮らしを実現する

日本のシニアが自分らしく生きるために

恥ずかしながら私は脳出血で父が倒れるまで、シニアの暮らし方や介護についてはまったく無知でした。

父が高齢者住宅の事業を始めていたことは知っていましたし、そこに何らかの使命感を覚えているらしいことは聞いていたのですが、あまり関心をもちませんでした。

当時の私は北海道から9000キロメートル離れたスイスのチューリッヒに住んでいましたし、そこで自らが立ち上げたファンド会社という事業の運営にてんてこまいで、父の事業や思いを気に掛ける暇がありませんでした。

2008年に父が倒れてから事態はまったく変わりました。父の住環境を整えたり、介護環境を気にしたりするなかで、私は日本のシニアがおかれている状況を深く憂慮することになりました。父が高齢者施設の運営をライフワークとして始めた理由も、ようやくその時に理解することができました。

自分のことを棚に上げるわけではありませんが、多くの人が同じような状況にあると思います。私たちはいざ自分の身に火の粉がふりかかるまで、燃えている家にはなかなか気づかないものです。

ここで比喩として使った「燃えている家」とは日本のシニアのおかれている状況のことです。少子高齢化で、医療や介護の人手不足や財源不足が心配されるなかで、日本政府も頑張ってはいますが、改革の速度が状況の悪化に追いついていません。

2014年には神奈川県川崎市で元職員による「老人ホーム連続殺人事件」が起きてニュースになりましたし、2016年には相模原市の知的障害者福祉施設で、やはり元職員による「施設入居者大量殺傷事件」が起きて、世間を震え上がらせました。

このような事件が起きるのは業界全体の問題が背景にあると感じます。介護職員は施設入居者のみなさまの幸福と安全を司る重要な仕事なのですが、介護保険のシステム上、規制が多く存在します。

もともと介護職員になろうという人たちは、お年寄りが好きだったり、他人の世話が好きだったりするので、持ち前のやる気でなんとかカバーしていますが、精神力だけでは限界もあって、疲弊している人も見られます。

そのため、転職や離職が非常に多い業界で、保育士などと同様に、資格取得者や経験者が仕事を離れてしまうことも多く、業界としては非効率です。

だからといって介護保険の保険料を上げれば、全国民のみなさんに負担が掛かることになります。ただでさえ、平均所得の下がり続ける日本で、保険料収入を上げることは困難です。

そこで私たちのような民間会社は、「介護」にこだわることなく、幅広くシニアマーケット全体をとらえて介護保険収入以外のビジネスを行うことで社会にもっと貢献し、社内で成果を出すことで、職員に還元することを考えています。私たち、らくらグループも、配食事業や施設紹介事業などを立ち上げましたが、一社だけの力では業界全体をすぐに変えることは難しいでしょう。

介護業界で働く人全員が、自分たちとお客さまの環境を改善するために何ができるかを考えていただきたいですし、これからの日本のシニアマーケットに多少なりとも憂いを感じている方は私たちと協力して業界を変えていく活動をしていただきたいのです。

それと並行して、シニアのみなさま、これからシニアになるみなさまにもお願いがあります。

業界のリソース不足を補うために、介護が必要になる方をできるだけ増やさないように、長く自立した生活を送れるように毎日の生活習慣や食習慣を見直していただきたいのです。

そもそも、要介護になりたいと考える人は一人もいません。私の父のように、ある日突然にやむを得ない理由で要介護になる人はいますが、自分から進んでそのような立場に身をおきたいと考える人はいないでしょう。

歳を取れば肉体は徐々に衰えてくるものですが、自分の足で歩いて、自分の頭で考えるといった最低限の機能は、通常は死の直前まで維持できるものです。規則正しい生活習慣や毎日の運動、そして栄養バランスの良い食事を摂るなど、基本的な原則を守るだけで、みなさんの健康寿命は長くなります。

さらに大切なのが精神の健康です。

シニアになって仕事を辞めると、人との交流がぐっと少なくなって、孤独を感じる人が増えています。孤独は心をむしばみます。シニアになったら、余計なプライドは捨てて、好奇心をもってどんなところにでも積極的に顔を出し、社交スキルを磨いてみませんか。

私は介護施設も運営していますが、要介護の人が増えてほしいとは思っていません。

現在の介護保険のシステムからいえば、重度の要介護者をできるだけ多く入居させたほうが施設の収入が多くなることは分かっているのですが、そこを目指すと会社として大事なものを失ってしまうように感じます。

介護が必要になった人には適切な介護を提供する一方で、私たちが目指すのは、介護の必要のないシニアをできるだけ多く増やして、その方たちのための住宅や配食、コミュニティなどのサービスを提供することです。

つまり、たとえ施設に入居しなければならない状況になったとしても、なんとか施設を卒業して自宅に戻ってもらうということです。

私たち、らくらグループは「粋に、生きる世界へ。」をビジョンに掲げ、次のような念いを描いています。

たとえ年齢を重ねていても、さびることなく、よどむことなく、自分らしく、自立した心で生きている人を見ると、うれしくなってきます。勇気をもらえる気がします。

若い人たちも憧れるような、そんな「粋」な生き方の高齢者が増えれば、日本はきっと変わるはず。

そのためにも、「より良く、自分らしく」１日でも多く笑って暮らせるように、私たちは日々お手伝いをしていこうと思います。

日本の高齢社会と向き合いながら、「本物のサービス」を追求し続ける。年齢を誇りに、老いを喜びに変えていく。

私たち、らくらグループの決意です。

日本の介護環境と介護施設をもっと良くするために

私が、日本に帰国するまでシニアを取り巻く現代社会の問題に気づかなかったのには、もう一つ理由があります。それは、スイスのシニアが日本とは異なり、みなさん比較的お幸せそうだからでした。

もちろん、スイスにはスイスの問題がありますし、介護が必要になったシニアは施設の中に入ってしまうので私の目に留まらなかっただけかもしれませんが、少なくとも街中を歩いているシニアは、日本のシニアよりも元気そうでした。

これはなぜかというと、スイスでは退職を心待ちにしている人が多く、シニアになったらあれをやろう、これをやろうと逆に活動的になるからですね。日本のシニア向けの本が

「シニアになって仕事を辞めると、やることがなくて暇になって老け込むので働き続けましょう」と説いているのと比べると、真逆のように感じます。

もちろん、スイスでも退職後に十分なお金がない人は働きますが、富裕層の場合は、むしろシニアになる前からセミリタイアを目標に頑張っている人も多く、シニアになってリタイアしたら「これからが人生のご褒美期間だ」と、イキイキとする人を少なからず見てきました。

なぜ、日本とスイスのシニアはこんなに違うのかと考えたのですが、その秘密はスイスの教育にありそうです。スイスの子どもたちはとにかく人の真似をせずに「自立心」を鍛えられるような教育を受けます。

そのため、スイスの子どもたちは政府や会社、家族などに必要以上に頼らずに、自分で人生設計をするよう育ちます。

スイスにももちろん国の年金はありますが、それだけでなく民間の個人年金に加入している人が多く、老後の不安がないように貯蓄しています。十分なお金がない場合はシニアになっても働いてお金を貯めます。コンサルタントのような形で起業して、地域の企業や自治体のアドバイザーをしている方も多くいました。これはお金のためというよりも、自分が住んでいる地域に貢献するために働いているのだと思います。実際、報酬額はその方たちの専門性に比較すればかなり安いものでした。

プライベートも充実しているようで、シニア同士で連れ立って、山登りに行ったり、サイクリングに行ったり、ジョギングをしたりしている姿をたくさん見ました。あるいは老人クラブみたいなものをつくって児童館で演劇をしたり、団体でフィットネスクラブに通ったりする姿も見掛けました。

ですから、私はずっと、シニアの方は、私たちが特にお膳立てをしなくても自然とコミュニティをつくるものだと思っていました。

ところが日本ではそうはならない場合が多くあります。

日本のシニア、特に女性は、自分を押し殺して配偶者や家族に合わせる生き方をしてきた方が多く、目立つことや新しいことを自分から積極的にしようとはしません。男性も同じで、会社のために滅私奉公してきた方は、会社を辞めたあとにするべきことが見つからず、自分を見失ってしまうケースが見られます。

誤解がないように付言しておきますが、私は日本のシニアの方が何事につけても控えめで、でしゃばらず、場を尊重し、忍耐力が強く、周囲の方への気遣いを忘れないことをたいへん好ましく感じています。

施設の運営という立場からすると、クレームも少なく、ルールも守っていただいて、ちょっとした不満があっても何も言わずに我慢して、他人に迷惑を掛けないよう共同生活のマナーもきちんとしていらっしゃる方が多いので、むしろスイスよりも良い面が多いと思います。

けれども、それでみなさんがお幸せに暮らしていらっしゃるのかどうか、何かもっとしてあげられることはないかと知りたくても、本音と建前という文化のなかで、なかなか本音が聞けないのは難しいところだと感じます。

また、シニアには社交の場やコミュニティが必要だと感じているのですが、人を集めるだけではなかなかコミュニティの形成までには至らず、どのようにすればみなさんが居心地良く過ごせるようになるのか、ファシリテートが必要だということに気づくまでは、いろいろと悩みました。

スイスであれば、ある程度、場を用意すれば勝手に人が集まり歓談が始まるところ、日本の方はシャイなので、そうはならないのです。コミュニケーションが始まるまでの道筋をお膳立てする必要があると気づいたことで、最近は取り組みもうまく回るようになりました。

私がそのことに気づくきっかけの一つになったのは、日本における「グランピング」の流行です。

「グランピング」とは「グラマラス（華やかな）」と「キャンプ（アウトドアでの宿泊）」を合わせた造語で、もともとはイギリスで生まれた言葉ですが、イギリスよりも日本で特に人気があるように思います。

「グランピング」では、通常の「キャンプ」のようにテントと寝袋と自炊用具を持参して寝泊りするのではなく、最初から設営してあるテントとか、あるいはコテージやトレーラーハウスのような場所に泊まります。もちろん電気や水道の設備もあり、場所によってはエアコンまで設置してあります。食材や自炊用具も用意されているので、着の身着のまま手ぶらで出掛けてもキャンプ体験をすることができます。場合によってはシェフがアウトドア料理を作って提供してくれます。

もともとはイギリスの貴族が始めたものだと聞いていますが、その貴族のようなレクリエーション体験が日本でも受けたのです。

私が興味深く感じるのは、通常、「キャンプ」が好きという方は、自分の手で火をおこしたり、テントを張ったりするのが好きなので「グランピング」のような、何もかもすでに用意されている施設は受けないのではないかと思っていたからです。

しかし、特に「キャンプ」が好きというわけではないけれど、手軽にアウトドア体験を楽しみたいという方がたくさんいたので「グランピング」がビジネスとして成立するようになったのでしょう。

「グランピング」を体験された方のなかから「キャンプ」が好きになる方も出てきていますし、アウトドア体験の入門として非常によく機能していると思います。

このように「特に好きではない」という方を、アウトドアの世界に導き入れるには「グランピング」のような手取り足取りのお膳立てが、とても効果的であると私は気づかされました。

ですから、例えば定年後の夫に家事を手伝ってほしいと思っている女性は、最初は上げ膳据え膳から始めても、少しずつ自分でやってもらうことを増やしていって、その行動を褒めて快楽を感じるように仕向けて、徐々にできるようになってもらうという手続きが必要なわけです。

シニア施設でも、最近は何でもかんでもスタッフがやりますというところが増えてきていますが、入居者の健康寿命を延ばすことを考えるのであれば、配膳や下膳、洗濯物の片付けや飲み物の用意など、できることはやっていただいたほうがいいのです。

人によっては、仕事を入居者に肩代わりさせていると感じるようですが、単純に仕事として考えるのであれば、入居者の方にやってもらうよりスタッフがやったほうが早くて安全です。それをあえて入居者の方にやってもらうのは、私たちの仕事が身の回りのお世話ではなく、入居者の方に〝生活〟をすることを考えていただき、今日のやるべき用事を果たし、一日を幸福に過ごしていただきたいからです。

自立することで幸せを感じられる

私は、日本の介護職員の方は質がとても高いと思います。

なぜならば、入居者の方が丁寧なお世話を求めているからです。

スイスのシニアは、できるだけ施設に入りたくないとぎりぎりまでご自宅で暮らしていらっしゃる方が多く、もう自宅ではどうしようもないという段階になってからようやく施設に入居します。

このように施設の入居自体に拒否反応を示す方が多いですし、たとえ施設に入ったとしても、自分でできることはできるだけ自分でやりたがるので、介護職員たちも、入居者には構わずできるだけ放っておく方向になってしまいます。

それに比べると、日本の介護職員は頼まれなくても何でもやってくれますし、サービス産業として非常に質が高いと感じてしまいます。

とはいえ、さきほども述べたように「なんでもやってあげる」のがいちがいに良いことだとは限りません。もちろん、寝たきりの方には懇切丁寧なお世話が必要ですが、まだ自分で動ける方には、その機能をできるだけ維持するような関わり合いが必要だと思うのです。

私たちらくらグループの介護付き有料老人ホームの一つ、らくら当別には、寝たきりの方も車椅子の方も認知症の方もいますが、それと同時に、まだ元気に買い物でも散歩でも自由に行かれる方もいらっしゃいます。

そのような多様な入居者に一律に同じお世話をするのは良くないと感じた職員が、お元気な方に声を掛けて、何か楽しいことを企画する〝すみれ会〟をつくりました。

らくら当別では、あまり体の動かない方でも参加できるように、午前中は体操、午後はカラオケや映画鑑賞といったレクリエーションのプログラムがあるのですが、お元気な方はそれだけでは体力を持て余してしまいますし、何かもっと楽しいことがしたいねと一人に言われたことがきっかけです。

職員の呼び掛けに応えて集まってくださったのが、10人以上の女性入居者です。そのなかから、MさんとSさんとOさんの80代の女性3人に詳しくお話をうかがいました。

すみれ会は施設の強制ではないですし、やることもみなさんで決めていただきたかったので、どんな活動になるのか、最初はまったく分かりませんでした。すみれ会という名前も、最初の会の時にみんなで相談して決めたそうです。

話し合いのなかで出てきたのが「家にいた時には自分で好きなものを作って食べていたのに、ここでは全部作っていただくから、好きなものが食べられない」という意見でした。

そこで、話し合いのお茶会が、自分たちでお茶請けを作って食べる会に早変わりしました。みなさんが欲しがるのは、当然といいましょうか、甘いものです。メロンやすいかを入れたフルーツポンチを作ったり、ジャガイモをふかして潰し、いも団子を作ったり、カボチャ団子を作ったり、トウモロコシを茹でたり、時にはもっとおいしいものをということで、近所のレストランに食べに行くツアーも開催されました。

そうやってみなさんで連れ立って外に出て楽しそうにしゃべっていると、興味をもって話し掛けてくる人もいます。レストランのオーナーさんが、すみれ会の活動を聞いて、近所の畑で簡単な農作業をしませんかと誘ってくれました。

そこで始まったのが、農作業のお手伝いです。野菜を植えるところから始めて、週1回のお手入れを欠かさず、秋にはたくさんの野菜を収穫して、地域の方と一緒においしくいただきました。

すみれ会のメンバーは「自分たちで育てたものはひときわおいしい」とたいへん楽しんでいました。

その活動が話題になったのか、次は農協さんから「トマトを売るパックに産地のシールを貼る作業」を頼まれました。すみれ会のメンバーには、もともと農家だったという方はいません。仕事一筋だったり、主婦だったりと、その人生はいろいろです。最初は「うまくできない」とこぼしていたメンバーも、しばらくやっているうちにベテランの作業員のように手際が良くなりました。

冬になると農作業がなくなって暇なので、農協さんに「何かありませんか」と聞いたところ今度は「黒豆の選別作業」を頼まれました。商品として売れるA級品と、傷があって売れないB級品とを選別する作業です。報酬の代わりにB級品の黒豆を全部いただくことになり、袋詰めしてお祭で安く販売したり、すみれ会で黒豆の煮物を作って食べたりしました。

私も煮物をいただいたことがあります。煮物は日持ちがしないので、通常は自分たちで食べるだけなのですが、黒豆をいただいた時に私が「忙しくて煮る時間がないわ」と言ったところ、特別に作ってくださったのです。調理は職員も手伝いますが、職員のミスをすみれ会のメンバーがカバーするなど、どちらがどちらのお世話をしているのか分からないような状態だったそうです。やはりずっと自炊をしてこられた女性は、歳を取っても調理の記憶と勘が冴えているものです。

このように楽しいことが続くと、もうすみれ会の活動は止まりません。外部の方も参加してくださる、らくら当別の夏祭では、農協さんから買ってきた野菜で漬物を作って販売しました。みなさんも、学校の文化祭などでご経験があるかと思いますが、仲間と一緒に企画をして何かを作って販売するというのは、実に楽しいものです。

ずっと専業主婦だったというSさんは、最初は「売り子なんてできないわ」とはにかんでいたのですが、そのうちに誰よりも大きな声を出して販売するようになりました。

そうして、すみれ会のメンバーは、産地のシール貼りや漬物の販売などで、わずかながらも現金収入を得て、年末にはそのお金を使って、みんなですき焼きを食べたそうです。自分で稼いだお金でいただくお肉はたいへんおいしかったそうで、普段は飲まないビールも進んだとのことです。

私も何度もお会いしているのですが、すみれ会のメンバーのみなさんは、活動をしている時はとてもイキイキと輝いていらっしゃいます。それを見るたびに、人間は自立して何かに夢中になっている時がいちばん幸せなのではないかと再確認します。

寝たきりですべてを介護職員にお世話されている私の父が不幸だとは言いませんが、起きられるものなら起きていたいだろうと悔しく感じることもしばしばです。

3人が口をそろえて話してくださったのが、祭の楽しさです。すみれ会ができて数カ月後にらくら当別の夏祭があって、その時に茹で卵と漬物、甘酒の販売をしたのが、すみれ会の活動が活発になるきっかけでした。何よりも楽しいのが、お金を稼ぐこともそうですが、お友達ができたことだそうです。普段の生活では、一緒に暮らしていてもあまり話す機会がないのですが、すみれ会で活動すると話すことがたくさんあるので、自然と仲良くなるのです。

職員によると「みなさん、全部自分たちで用意して、売るのも自分たちでやっていらして、私たちは日にちを決めるくらいしかやることがなかったのです。お手伝いしようとしたのですが、切るのも茹でるのもみなさんのほうが得意で、私があまりにも下手くそだから『いいよ、いいよ、やってあげる』と包丁を取り上げられて、なんだかお母さんと一緒にいるみたいでした」

らくら当別施設長の菅正恵さんは、すみれ会の取り組みについて、次のように語ってくれました。

「施設に入ると『自立して生きてきた人生はおしまい』といった感覚になって、いろんなことを諦めてしまわれる方が多いのですが、いくつになっても生きがいをもって元気に暮らしてほしいと思って、こういう活動をしています。まだ2年足らずなので発展途上ですが、いずれは地域の人をもっと巻き込んで大規模な活動にしていきたいと思っています。らくら当別がモデルとなって、全国の高齢者施設にすみれ会のような活動が広まれば素敵じゃないですか。今はみなさんまだ余っている時間があるので、暇な時間がないくらいにいろいろな活動をしていただいて、もっとお金を稼いでおいしいものを食べましょうと声を掛けています。やっぱりまだ『老人ホームなんか』という目で見る人が多いので『老人ホームだからこそ仲間ができる新たな生きがいがある』と思ってもらいたいです」

自由で豊かな暮らしとは何か考える

すみれ会ではありませんが、私は日本のシニアの方も、施設に入居されるような年齢の方も、もっと自由に生きてもよいと思います。

例えば、スイスでは60代や70代のシニアの再婚がとても多い印象がありますが、日本ではそれほどポピュラーではありません。

私の友人の母親は60代で、70代の会社経営者の男性と再婚しましたが、お互いの結婚歴を合計すると5回になったそうです。離婚も多いけれども、再婚も多いので、離婚が必ずしもネガティブなイメージにはなっていません。

日本だと離婚経験者は「バツ１」とか「バツ２」とかいわれて、何か人生にダメ出しをされたような気分になってしまいます。

日本でシニアの恋愛や再婚があまり進まないのは、子どもの反対やイメージを考えてのことだと思います。父親と母親とその子どもで一つの家族という意識が強過ぎて、ほかの人間がその間に入ってくることに拒否反応が起きるのでしょう。

おそらくスイスでは、親と子どもから構成される一つの家族は、子どもの成人(18歳)で終わりを迎えます。もちろんその後も親子関係は続きますが、それは大人同士の友情に似た対等なものです。ですから、親が離婚しようが、新しい交際相手を見つけようが、もちろん一抹の寂しさはあるでしょうけれども、口を挟むことができないのです。

日本では、いつまでも親に親の役割を果たしてほしいと望む子どもが多いような気がします。ですから、子どもの保護と養育という役割を終えたシニアの親に対しても、自由に生きることを制限する気持ちが働きます。親のほうもその気持ちを汲んで、離婚や再婚をためらっています。

その気持ちもとてもよく分かりますが、シニアに限らず、ちょっとした恋愛感情は人間に生きる輝きを取り戻させるものなので、まるっきりシャットアウトしてしまうのはもったいないなと感じます。

私も離婚経験がありますが、別に離婚そのものがいいとも悪いとも思いません。私たち夫婦は若気の至りで離婚してしまいましたが、離婚したという経験をその後の人生に活かしていこうと思って暮らしています。

一般的に、歳を取ってくると、自分にできることとできないことがはっきり見えてきて謙虚になれますし、そうした時に自分のできないことを補ってくれたり、楽しみや喜びを共感し合え心のよりどころになってくれるようなパートナーや友人がそばにいてくれれば、人生にはり合いが出てくるのではないでしょうか。

シニアの結婚は遺産の相続の問題などもあるので入籍はさすがに揉めるかもしれませんが、お互いに相手を大事に思って支え合うような人間関係をもてるのであれば、たとえ家族であっても口を出さずにそっと見守りたいものです。

とはいえ、現実の施設でシニア同士の恋愛が起きると、家族の方が黙ってはいません。実は大人数の施設では、数の少ない男性の取り合いになるくらい、恋愛沙汰は珍しいものではないのですが、それが家族に知られるとかなり嫌な顔をされます。

女性入居者の場合は息子さんが嫌がりますし、男性入居者の場合は娘さんが嫌がります。お相手に対しても迷惑を掛けると考えるようです。

実は私は、過去に施設のイベントとして「シニア合コン」を構想したことがあるのですが、職員の多くから「ご家族が許さない」と大反対されまして、企画をひっこめました。ただ恋愛とまではいかなくても、何かちょっとした生活のうるおいみたいなものを生み出すことはできないかと今も頭のなかではぐるぐると考えています。

私がスイスにいた頃、シニアの男性や女性を見てかっこいいと思うことが多くありました。ただ、身ぎれいにしていておしゃれというだけでなく、全体に艶っぽい感じがする人が多かったからです。もちろん、シニアはシニアですから肌はしわが多いですし、髪の毛も白髪になってはいるのですが、シニアでも男女であることを忘れていない人が多いと感じていました。

日本のシニア女性のほうがだんぜん肌が綺麗でしわも少なく、それがかわいらしくはあるのですが、大人の熟練した魅力はスイスのシニアに軍配が上がると思います。

これは恋愛ばかりでなく安楽死の問題にも通じます。スイスで安楽死が認められているのはみなさんご存じかもしれませんが、その背景には本人の意思をできる限り尊重しようという文化があります。スイス人は自立心がとても強いので、誰かに頼っていろいろな世話をしてもらいながら生きようとは思わない人もいるからです。

しかし、日本の場合はご本人の意思というよりも、息子さんや娘さんの意思が尊重されて、安楽死の議論が進まないような気がします。介護施設に入るのも、ご本人の意思ではなく「周囲にすすめられたから」「子どもに迷惑を掛けたくないから」という方が多く、日本ではそうするしかないのかなともやもやした気分にさせられます。

日本と日本人が大好きな私ですが、このことに関してはさすがに「もう少し親と子の適度な距離感が必要だ」と思います。

5歳の子どもが35歳の親に対して甘えて依存するのは当然ですし、親が子どもを全面的に肯定してかわいがるのも当たり前のことですが、その50年後、55歳の子どもが85歳の親に対して甘えて依存したり、親が子どもを全面的に肯定してかわいがっていたりしたら、良い話なのかもしれませんが、何か違うような気がします。

例えば55歳の子どもが犯罪をおかした時、85歳の親は警察からその子どもをかばってかくまい、反社会的といわれようと逃亡を手助けするべきなのでしょうか。小説や映画の主題としては美しいかもしれませんが、それと引き換えに、何か大切なものを失ってしまうような気もします。

これは極端な例でしたが、親子の距離が近く密着していて、いつまでも「お母さん」「子ども」の感覚が根強く、一人の人間として認識しきれていないというケースには、仕事をしていてもよく出会います。

例えば、親が認知症になったことを認めたがらない息子さん、娘さんがいます。強く優しく頼もしかった両親が、弱くなってしまったことを感情的に認められないのです。そのような場合、現状の正確な認識ができませんから、対処も遅れますしケアマネジャーとの話もこじれてしまいます。

逆に、子どもが自分の手を離れたことをなかなか認められない親もいます。施設に入居していても毎日のように子どもに電話を掛けて、こまごまとコントロールしたがります。シニアになる前の方でも、息子さんや娘さんの交際相手に反対したり、ダメ出しをしたりといった形で過干渉になっている方も見られます。

親子の絆は大切ですが、親子といっても一心同体ではなく、体も心も経験も別々です。お互いに敬意を払ってその人格を尊重し、大人同士として対等の付き合いをすることで、相手も自分も自由になれると思います。

「粋に生きる」シニアを応援し、日本の介護を変える

シニアの方にはできるだけ健康で自立した楽しい生活を送っていただきたい。それが私たち、らくらグループの願いです。

その一方で、どうしても介護が必要になってしまう方も一定数いらっしゃいます。例えば、脳出血と脳梗塞で、もう10年以上も寝たきりの状態にある私の父です。

父が倒れてから、いくつかの病院と介護施設を経験しましたが、結局、その環境に満足できなかったために自宅介護を選んだ話はすでに述べました。

しかし、自宅介護では母の負担が大き過ぎます。そこで、父に入居してもらうための施設として企画したのが、らくら宮の森です。

らくら宮の森は、住宅型有料老人ホームですが、人が今まで送ってきた人生を考え、尊厳というところにこだわり、「施設」ではなく「住宅での気楽さ」を理想とし、ご自宅と変わらぬ生活習慣をそのまま続けていただくことを目標に運営しています。

コンセプトは「我儘ではなく、わが、ままに！」です。

この言葉には「我儘」というネガティブワードをぶつけられてしまうような人のなかに潜んでいる、その人なりの思いをできるだけ汲み取りたいとの気持ちを込めています。

ちょっと分かりづらいかもしれませんが、お客さまが「あるがままに、あなたのままに」〝自由〟に暮らせるような場所を目指しました。

住宅とはいっても、介護が必要な方が入居しているのですから、普通の住宅では間に合いません。

らくら宮の森では「究極の個別ケア」として、シフト制で常に入れ替わるスタッフではなく、利用者と二人三脚で歩む担当スタッフ制を、お客さまに対して実施しています。

担当スタッフとは、お客さまやそのご家族の希望を細かくおうかがいして、一人ひとりに合わせたサービスを提供するものです。24時間いつもいるわけではありませんが、お客さまからの要望はすべて担当スタッフの元に集められ、責任をもった対応をさせていただきます。

担当スタッフが目指すのは、自宅での生活スタイルをできる限り維持することと、新たなコミュニティを見つけて人と人をつなげることです。

そのために、らくら宮の森では、高齢者施設としては珍しく、外出制限がなくいつでも自由に外出ができるほか、食事の時間も入浴の時間も、お客さまの生活スタイルに合わせて、いつでも自由に取ることができます。

つまり、何時からいっせいにお食事ですとか、何時からお風呂に入ってくださいとか、そういった管理はいっさいありません。自分の部屋での起床も消灯も自由で、自宅と同じように好きなスタイルで暮らすことができます。

もちろん、お客さまの多くは多かれ少なかれ介護を必要としているので、まったく自宅と同じとはいきません。食事も自分で作れなかったり、入浴には介助が必要だったりする方もいます。それでも私たちは時間を自由にすることにこだわりました。

理想としたのは、住宅は住宅でも、ホテルのような住み心地です。

以前に述べたように、ホテルでは大勢の人が働いていて、また同じ建物で暮らしているために、自宅と同じようなプライバシーは保てません。その代わりに、スタッフの目が行き届いていて、充実したサービスが提供され、何かしてほしい時はいつでもスタッフに頼むことができます。

ですから、らくら宮の森にはホテルのようにコンシェルジュが配置されています。

コンシェルジュはお客さまと一緒に「夢プラン」を作成する存在です。

「夢プラン」とは、お客さまがさまざまな理由により諦めていた望み、自分だけでは叶えるのが難しいと思っていた夢を、叶えるためのものです。すべてが実現できるとは限りませんが、コンシェルジュが中心となり、担当スタッフがサポートし、お客さまやそのご家族とともに、実現に向けての準備をいたします。

そして、らくら宮の森を、自宅に近い存在にしてくれているのが、ペットの存在です。

らくら宮の森には、いつも一緒に暮らしてきたペットとともに入居することができます。ペットの行動範囲の制限はありますが、いつでもペットとともにいられる自宅のような環境は、お客さまにたいへん好評です。

そのほか、こだわりの食事や、広々とした居室、そしてもちろん安心の介護、看護体制を整えたことで、らくら宮の森は終の棲家として私が父を入居させられるような介護施設になりました。

らくら宮の森は、あくまでも現時点での理想を目指している施設に過ぎません。今後もお客さまの声に耳を傾けて、さらなる理想のために尽力して参りますので、ご声援やご協力をなにとぞよろしくお願い申し上げます。

おわりに

「人生180度変化することってあるんだ」と身をもって実感したのが、2008年11月に父が脳出血で倒れた時です。私は当時スイスで暮らしていました。東京の大学を卒業後、アメリカへ留学し、その後はスイスで就職や起業をするなど、20年近くも日本を離れていたのです。

時々日本に戻って顔を合わせてはいましたが、私にとって両親のイメージは、子どもを守ってくれる強い大人のままでした。特に父は、若い頃からいくつもの事業を展開していて、圧倒的なカリスマ性をもっていた不死身の存在でした。

しかし、慌てて日本に帰った私の目の前にいたのは、恰幅のよかった父が、歳を取り痩せて、手術によって変わり果てた姿でした。思わず何も言葉にすることができず、怖くなったのを覚えています。

私はしばらく顔を見せていなかった親不孝を悔いました。

それでも、起きたことはひとまず受け入れるしかありません。

当時、父は札幌で、今のらくらグループの前身となる高齢者施設を運営していました。私は父が倒れたあと、父が運営していた施設を見学し、状況を職員に伝えて、最低限の後始末を行いました。本来であれば、事業継続に向けてもっと何かをするべきだったのかもしれませんが、私もスイスに仕事があったので、複雑な思いを奥底にしまい込んで再びスイスに戻ったことを覚えています。

札幌に残った母の献身的な介護もあり、父は左半身麻痺が残ったものの、多少の言葉を話し、食事も少しずつ食べられるようになり、リハビリ病院からも退院できて、半年後には札幌の老人保健施設へと移りました。

スイスに戻った私は、最初は半年に一度程度、そのうちに2カ月に一度、1カ月に一度というように、札幌に戻る頻度が多くなりました。父の残した会社のこともありましたが、父に会わねばという気持ちが強くなったからです。というのも、父の入居先で目の当たりにしたのは、多くの高齢者を看なければならない施設の現状でした。家族が望むようなきめ細かなサービスはしてもらえない現実がありました。リハビリ病院から移って、1年後に老人保健施設で父が脳梗塞を起こして、容態がさらに悪化したのです。

その後の父の状態は、言語障害が残り、口から食事ができなくなって胃ろうとなり、寝たきりになりました。施設への不信感から母は在宅での介護を選択しました。

２０１１年7月から在宅介護が約3年近く続き、その間は母を手伝ってくれた訪問看護や訪問介護のスタッフのおかげで、なんとか父が望む世話を行うことができました。

けれども、要介護認定5を受けている父の在宅介護は重労働です。若くない母にとって、献身的な介護は気力でもっていたところもありました。

そのような状況を見ているうちに、スイスと日本を往復する生活をしていた自分はこれでいいのかと自問することが増えてきました。

それまで20年近くを過ごしてきた海外での暮らしを捨てきれない自分がいる一方で、人は歳を取るものだし、環境の変化に合わせて変わっていってもいいのではないかと考えるようになったのです。

私に、日本へ帰る決断をさせたのは、父の残した施設でのとある出来事でした。

ある時、職員が車椅子に座ったお客さまにお話をしている姿を見たのです。

その職員はたいへん丁寧に優しくお客さまの体に手を添えて笑顔で話し掛けていました。

そのお客さまは、とても穏やかに笑顔を見せていました。

その時、脳裏によみがえったのは、大手術を終えて介護施設で過ごしていた父の姿でした。

周りに誰もいないステーション近くに1人で座らされ、体が大きく傾き、椅子からずれ落ちそうになっていても、誰にも気づかれず放っておかれている父の姿でした。

当時の父は言葉がうまく話せなくても、頭と意識ははっきりしていました。訴えたくても誰かを呼ぶこともできず、いろいろなことを諦めた生活を余儀なくされていたのです。

私は気づきました。

介護施設では、たった1人の介護員の対応次第で、施設に入居している方のその一日が幸せにもなり、悲しい諦めのものにもなるのです。

父の姿を思い返すと、これが日本の介護施設の現状なのであろうかと、悲しくなります。一方で、これから日本は先進国のなかでも先駆けて高齢化が進んでいくのに、これでいいのだろうかとも思いました。

日本の若い人たちは、どのような未来を描いているのだろう？　私に何ができるのだろう？　と五里霧中に陥ったような気持ちになったのです。改めて、人生観や死生観をずいぶん考えさせられました。

やがて、だんだんとそれらの思いの焦点が合ってきました。

自分の目の前に大きな選択があることがしっかり自覚できたのです。

私には、日本の高齢社会を変えられるチャンスがありました。一方で、そんな面倒なことはせず、この事業を誰かに委ねることもできました。

やったこともない分野に40を過ぎてから飛び込むのは、怖くもありましたが、それと同時に、私がやらなければならないという使命感も湧いてきました。

そうしてついに、艱難辛苦（かんなんしんく）も覚悟のうえで決断しました。

日本の高齢社会を、私の第二の故郷であるスイスのような、明るく楽しいものに変えていきたいと思ったのです。

心身ともに自立心をもち、いつまでも世の中の役に立てる存在でいて、人に喜びや情熱を与え続けられるようなシニアを数多く生み出していきたいと決心したのです。

もしそのような社会が実現したら、日本はアジアの近隣諸国のファーストペンギンになれるでしょう。そして若い人が自分の住んでいる国に誇りをもち、夢をもてるような日本を取り戻せるでしょう。

参考文献

・後藤はつの『111歳、いつでも今から73歳から画家デビュー、100歳超えてニューヨークへ……笑顔のスーパーレディの絵とエッセイ』河出書房新社　2015
・若宮正子『60歳を過ぎると、人生はどんどんおもしろくなります。』新潮社　2017
・篠田桃紅『一〇三歳になってわかったこと人生は一人でも面白い』幻冬舎　2015
・日野原重明『一〇〇歳が聞く一〇〇歳の話』実業之日本社　2015
・徳間書店取材班『最高齢プロフェッショナルの教え』徳間書店　2010
・徳間書店取材班『最高齢プロフェッショナルの条件～これができれば、好きな仕事で一生食べていける！～』徳間書店　2012
・田原総一朗『90歳まで働く　超長生き時代の理想の働き方とは？』クロスメディア・パブリッシング　2020
・松原惇子『孤独こそ最高の老後』SBクリエイティブ　2019
・松原惇子『老後はひとりがいちばん』海竜社　2019
・上野千鶴子『おひとりさまの最期』朝日新聞出版　2015
・大村大次郎『おひとりさまの老後対策』小学館　2020
・谷本真由美『脱！暴走老人 英国に学ぶ「成熟社会」のシニアライフ』朝日出版社　2018
・賀来弓月『60歳からを楽しむ生き方 フランス人は「老い」を愛する』文響社　2018
・川口マーン惠美『老後の誤算　日本とドイツ』草思社　2018
・川口マーン惠美『世界一豊かなスイスとそっくりな国ニッポン』講談社　2016
・多根幹雄『スイス人が教えてくれた「がらくた」ではなく「ヴィンテージ」になれる生き方』主婦の友社　2016
・國松孝次『スイス探訪―したたかなスイス人のしなやかな生き方』角川書店　2003
・近山恵子、米沢なな子『自分で選ぶ老後の住まい方・暮らし方』彩流社　2015

・近山恵子、櫛引順子、佐々木敏子『どこで、誰と、どう暮らす？ 40代から準備する共生の住まいづくり』彩流社　２０１８

・大江英樹『定年3・0 50代から考えたい「その後の50年」のスマートな生き方・稼ぎ方』日経ＢＰ社　２０１８

・井戸美枝『１００歳までお金に苦労しない 定年夫婦になる！』集英社　２０１８

・リンダ・グラットン、アンドリュー・スコット『LIFE SHIFT（ライフ・シフト）　１００年時代の人生戦略』東洋経済新報社　２０１６

・木村勝『働けるうちは働きたい人のためのキャリアの教科書』朝日新聞出版　２０１７

・松本すみ子『定年後も働きたい。人生１００年時代の仕事の考え方と見つけ方』ディスカヴァー・トゥエンティワン　２０１９

・片桐実央『「シニア起業」で成功する人・しない人　定年後は、社会と繋がり、経験を活かす』講談社　２０１３

・渡邉洋一『「新しい学び」でキャリアアップ！　リカレント教育のすすめ』幻冬舎　２０２０

・西村直哉、江波戸赳夫『世代間ギャップに勝つ　ゆとり社員＆シニア人材マネジメント』幻冬舎　２０１８

・武内和久、藤田英明『介護再編　介護職激減の危機をどう乗り越えるか』ディスカヴァー・トゥエンティワン　２０１８

・小嶋勝利『誰も書かなかった老人ホーム』祥伝社　２０１８

・小嶋勝利『老人ホーム リアルな暮らし』祥伝社　２０１９

・大塚紗瑛『老人ホームに恋してる。介護職1年生のめくるめく日常』祥伝社　２０１９

・斉藤徹『超高齢社会の「困った」を減らす課題解決ビジネスの作り方』翔泳社　２０１９

・近藤麻理恵『人生がときめく片づけの魔法』サンマーク出版　２０１０

・土井英司『土井英司の「超」ビジネス書講義　これからのビジネスに必要なことはすべてビジネス書が教えてくれる』ディスカヴァー・トゥエンティワン　２０１２

・山崎元、大橋弘祐『図解・最新 難しいことはわかりませんが、お金の増やし方を教えてください！』文響社　２０１７

・55＋ライフデザイン室『定年一年生の教科書　知らないと大変！　定年後のお金の知識』ＫＡＤＯＫＡＷＡ　２０１６

・55＋ライフデザイン室『定年一年生の教科書　一生使える！　生活見直し術』ＫＡＤＯＫＡＷＡ　２０１６

・クロワッサン特別編集『教えて、先輩！』マガジンハウス　2019
・松井孝太『米国における継続的ケア付高齢者コミュニティ（CCRC）の現状と課題―日本の高齢者住まい問題との関連で―』杏林大学杏林CCRC研究所　2015
・松井孝太『米国CCRCと「日本版CCRC」構想』杏林大学杏林CCRC研究所　2016
・三菱UFJリサーチ＆コンサルティング『平成27年度少子高齢社会等調査検討事業報告書』2016
・内閣府『令和2年版　高齢社会白書』2020
・内閣府『男女共同参画白書　令和2年版』2020
・篠藤ゆり『ルポ　シニア婚活』幻冬舎　2019

著者プロフィール

浅沼静華（あさぬましずか）

らくらグループ 代表
株式会社らくらホールディングス 代表取締役
ファイナンシャルプランナー（AFP）

1990年聖心女子大学卒業。サンフランシスコ留学を経て、アメリカで貿易の仕事に従事。その後、スイスの日系証券会社で現地採用社員となり、投資ファンドの運営会社を設立。2008年、介護事業を行っていた父親が脳出血で倒れ、3年間は日本とスイスを往来しながら仕事と介護を両立させていたが、2011年に父の事業を承継する決意をして、20年近い海外生活に終止符を打って帰国。2012年に、シニア世代が自分らしく自立した心で、“粋に”生きる社会の実現を目指し「らくらグループ」を発足させた。

自由と豊かさを手に入れる
60歳からの暮らし方

2021年2月26日　第1刷発行

著　者　　浅沼静華
発行人　　久保田貴幸

発行元　　株式会社 幻冬舎メディアコンサルティング
〒151-0051　東京都渋谷区千駄ヶ谷4-9-7
電話　03-5411-6440（編集）

発売元　　株式会社 幻冬舎
〒151-0051　東京都渋谷区千駄ヶ谷4-9-7
電話　03-5411-6222（営業）

印刷・製本　瞬報社写真印刷株式会社
装　丁　　坂本理絵

検印廃止

Printed in Japan
ISBN 978-4-344-93215-9　C0095
幻冬舎メディアコンサルティングＨＰ
http://www.gentosha-mc.com/